销售就是要会表达

文景 —— 著

民主与建设出版社

·北京·

© 民主与建设出版社，2019

图书在版编目（CIP）数据

销售就是要会表达 / 文景著 . — 北京 : 民主与建
设出版社 , 2019.9
ISBN 978-7-5139-2611-9

Ⅰ . ①销… Ⅱ . ①文… Ⅲ . ①销售－口才学Ⅳ .
① F713.3 ② H019

中国版本图书馆 CIP 数据核字 (2019) 第 185799 号

销售就是要会表达
XIAOSHOU JIUSHIYAO HUIBIAODA

出 版 人	李声笑
著　 者	文　景
责任编辑	王　倩
装帧设计	尧丽设计
出版发行	民主与建设出版社有限责任公司
电　　话	（010）59417747　59419778
社　　址	北京市海淀区西三环中路 10 号望海楼 E 座 7 层
邮　　编	100142
印　　刷	凯德印刷（天津）有限公司
版　　次	2019 年 10 月第 1 版
印　　次	2019 年 10 月第 1 次印刷
开　　本	880mm×1230mm　1/32
印　　张	8
字　　数	177 千字
书　　号	ISBN 978-7-5139-2611-9
定　　价	39.80 元

成交，源自一场高情商对话

销售是一门语言的艺术，绝大多数销售高手的成功之道就在于会表达。会表达的销售人员往往能把话说到客户心坎上，他们的语言仿佛拥有神奇的力量，能将客户的心弦拨动，使客户最后做出购买行为。要想具备这样的魔力，销售人员不仅要练就察言观色的本领，还要具有让客户发生"抗拒—心动—行动"一系列变化的表达能力。

下面我们以卖青椒的四种不同方式的对话为例，来说明不同的语言所产生的不同效果。

对话一：

顾客："老板，你这青椒辣不辣？"

摊主一："辣。"

对话二：

顾客："老板，你这青椒辣不辣？"

摊主二："不辣。"

对话三：

顾客："老板，你这青椒辣不辣？"

摊主三："您想要辣的，还是不辣的？"

对话四：

顾客："老板，你这青椒辣不辣？"

摊主四："有辣的，有不辣的。这个箱子里的是辣的，那个箱子里的是不辣的。"

对于顾客的相同问话，四个摊主分别给出了不同的回答。这些回答看似简单，却蕴含着一定的销售技巧。

对话一和对话二中的两位摊主分别给出了"辣"和"不辣"的答复，这两种答复都只给了客户一种选择。如果顾客怕上火或者吃不了辣，那么他就会立刻离开第一个摊位。同样，如果顾客无辣不欢，那么他就会选择离开第二个摊位。

对话三中摊主的回答，也是不妥的。虽然摊主考虑到顾客的不同需求，但是他把问题甩给了顾客。如果遇见一个较真的顾客，结果就很难预料了，所以他销售成功的概率只有50%。

对话四中摊主的回答则是一个很好的示范，能够满足不同顾客的不同需求，所以销售成功率往往是100%。

这就是销售语言的作用和魅力。不会表达的销售人员很可能没有走到成交这一步，整个销售过程就宣告结束，甚至第一句话说完就令顾客掉头就走。而会表达的销售人员凭借自己出色的说话技巧，三言两语就能完成一桩交易。

那么，怎么才能算得上会表达呢？事实上，会表达常常与情商联系在一起。要想成交，销售人员就要与客户展开一场高情商对话。

能否展开一场高情商对话，往往决定销售人员的成交与否。在日常销售工作中，很多销售人员不断地提高自己在销售口才方面的硬技巧，却常常发现在实际销售工作中他们所掌握的知识和销售技能始终没有用武之地。于是，就出现了下面六种错误的销售模式。

（1）没有任何寒暄，一上来就推销商品。

（2）没有弄清客户的需求，硬塞给客户不需要的商品。

（3）不了解客户的顾虑，自顾自地介绍商品。

（4）不尊重客户的想法，总是打断客户的话。

（5）没有辨清客户的真假拒绝，没有挖掘客户拒绝的真正理由，结果客户由假拒绝变成真拒绝。

（6）在即将成交阶段没有及时推客户一把，没有将客户的心动变成购买的行动，结果自己与成交失之交臂。

这样的销售模式注定不能打动客户的心，更不能顺利成交。高情商的销售，就是带有同理心的销售，这种销售模式能够充分考虑客户的需求和爱好，挖掘客户的顾虑和兴奋点，切实帮助客户解决面临的难题。基于这样的出发点，销售人员说出的话就不会冒犯客户的尊严，不仅不会触及客户的逆鳞，而且能让客户如沐春风，将销售人员视为知己，那么成交就只是时间早晚的问题。

本书就是这样一本帮助销售人员提高口才技能和表达技巧的实战宝典。以销售心理学理论为基础，将销售流程的各个环节逐个击破，全方位、多角度地对每一个环节的销售技巧进行解读，手把手地教你如何预约，如何寒暄，如何做产品推介，如何有效提问和倾听，如何进行价格谈判，如何消除顾客的顾虑，如何处理客户的拒绝，如何最终促成交易。同时，对于令无数销售人员头疼的客户投诉等售后服务问题，本书也进行了全面的解读。

本书的特色包括：专业的理论知识与简单实用的话语相结合，专业的"销售知识速递"，实际的销售话语"小贴士"。此外，每一小节都精心设置了"情景练习"板块，将常见的销售场景设置成测试题，让销售人员在实际销售中能够发散思维，学以致用，从而找到更好的解决问题之道。

通过阅读本书，读者能够学到许多营销大师高超的说话之道、谈判技巧，若能在实践中加以练习，一定能够成为出色的销售人员。

目录
CONTENTS

第一章
销售有"话料"，做个会表达的销售达人

几乎所有的销售高手都是会表达的人。会表达，能让你把话说到客户的心坎里。只要抓住了客户的心，你就能拿下客户，顺利达成交易。

高情商销售，要掌握因人而异的表达技巧

> 不要把消费者当傻瓜愚弄，她应是你心目中的妻子，不要蔑视她的才智。
>
> ——广告大王　戴维·奥格尔维

沟通是销售过程中必不可少的环节，如何降低沟通成本是一项技术活儿。近几年来，人们的消费观念不断更新，消费水平不断提高，如果销售人员还是按照FABE法则来销售商品，显然无法满足消费者的需求。现在的消费者已不需要关于产品特色和功能的"说明书"式的介绍，因为这样的产品信息在网络上随处可见，他们会向销售人员提出更多有深度且比较尖锐的问题。

销售知识速递

FABE法则：一种介绍产品的有效方法，包括商品的特点（Feature）、功能（Advantage）、益处（Benefit）和能够证明前三者的证据（Evidence）。按照这样的顺序来介绍产品，采用的就是

说服性演讲的结构，它要达到的效果就是让客户相信你的产品是最好的。

这就导致在某些情形下，销售的过程演变成了客户和销售人员之间的一场关于产品知识的比拼：他们都专注于向对方展示自己的智慧，而不是寻求合作去解决问题。这显然与销售的达成背道而驰。

而一个销售高手通常会进行高情商销售，即根据客户的心理"弱点"进行有针对性的销售活动。在销售的过程中，他们会察言观色，分析不同客户的性格特征和心理状态，从而找准客户的心理"弱点"，然后用自己产品的优势结合这些心理"弱点"，因人而异地说话，这样就增加了成交的机会和概率。

1. 因客户性格而异的销售话语

不同的客户性格各异，但是有一点是毫无疑问的，那就是每一个客户都有自己的心理"弱点"。销售人员要根据客户的心理"弱点"，进行有针对性的销售沟通，这样才能做到有的放矢。

（1）理智型客户。

特点：对待产品和销售人员能够保持理智，不易感情用事，很少出现胡乱消费和冲动消费的行为。

应对的话语：销售人员应同样保持理智，最核心的沟通技巧就是向其全面地讲解产品的优劣性（最好多介绍产品的优势和不可替代性），让客户自己分析利弊，从而做出是否购买的决定。

示例："其实这把299元的座椅也不错，只不过它的质量和功效都没有那把699元的好。为了身体健康，您就算多花几百元钱，也是值得的。您说是吧？"

（2）冲动型客户。

特点：性格比较急躁，想法随时会改变，不喜欢啰唆，做事比较干脆利索。

应对的话语：快速反应，不啰唆，用简洁的语言给予他们回馈，提供产品的相关信息。

示例："先生，请留步，我们也有同样价位的，只不过质量上差别很大，您看……"

（3）顽固型客户。

特点：具有很强的掌控欲，对事物有着固定的看法和见解。即使出现了错误，也不会轻易改变。

应对的话语：尊重客户的意愿，不要试图通过争辩改变客户的顽固观点，最好用事实来证明自己要表达的观点。

示例："先生，看得出来您很有主见和判断力，所以，您喜欢哪种款式，想必心里早已有数了吧！"

（4）傲慢型客户。

特点：对人比较傲慢，通常不考虑他人的感受，所以在购买产品时常表现出颐指气使的特点。

应对的话语：多对客户使用礼貌用语，多附和他们的言论，让客户产生被尊重、被优待的情感体验。

示例："一看您就是一个有气质、有品位的人，这些首饰真的配不上您。再给您推荐一款国际知名设计师最新打造的首饰，它处处体现着高贵和奢华，您看看是否满意。"

（5）沉默寡言型客户。

特点：不爱说话，不管对产品是否感兴趣，都不会主动咨询销售人员，而是通过独自观察和研究产品，最终做出是否购买的决定。

应对的话语：主动出击，找一些与产品有关的话题，将产品的信息传递给客户。

示例："我觉得这款红色的有点太耀眼，这款黑色的又显得太沉闷，这款黄色的看起来挺不错……您觉得呢？"

2．因客户性别而异的销售话语

男性和女性的消费心理存在着很大差异。作为销售人员，必须抓住他们的不同消费特点，采取不同的交流方式来实现成交。

一般来说，男性客户在消费时有以下几个特点：

（1）购物喜欢速战速决。

（2）比较被动。

（3）充满理智。

（4）注重产品的档次。

（5）简单、实用是首要考虑对象。

针对男性客户的消费特点，销售人员可以说相应的话来进行沟通。比如，用"您看最近在工作和生活中还需要点什么"来提醒男性客户购买需要的产品。再如，用"您看这款产品看了这么长时间，一定很喜欢吧？那就买了吧，您拿这款产品绝对没问题"这类话语来为他们再加一把火，实现快速成交。

而女性客户在消费时呈现出以下几个特征：

（1）一般都是主动消费，而且消费很灵活。

（2）带有浓厚的感情色彩。

（3）容易受外界的影响，尤其容易被"减价商品""促销商品""出口转内销"等字眼迷惑，从而加入抢购的行列。

对于女性消费者，销售人员可以这样说，用"您的宝贝女儿穿上这款衣服一定会像小公主一样漂亮""这个洗脚盆很适合老年人用，您买来送给自己的公公婆婆，尽一份孝心特别合适"等，从情感上打动她们；用"这款商品打折就这三天，今天下午五点就截止了"等，给她们制造一种紧迫感。

💡 小贴士

　　在实际的销售场景中，说这些话语时，不能生搬硬套，要善于察言观色，根据双方的沟通情况随时变换话语，这样才能更好地达到成交的目的。

情景练习

地点：一家钟表店。

背景：一对夫妻来到钟表店，丈夫要为妻子挑选手表，由于妻子眼睛近视，所以需要挑选一块时针和分针粗大，且颜色与表面

反差较大的手表。钟表店刚好有一块这样的手表，但是样式有些过
时，丈夫不喜欢这块手表，想要离开。

问题

如果你是钟表店的店主或者伙计，这时，你会通过怎样的话语
来挽留这两位顾客呢？

参考答案

可以对那位先生说："先生，请留步，这块手表外形确实有些
过时，但是它的时针、分针都很粗大，您的妻子用刚好合适，您错
过了这块手表，恐怕就买不到这么物美价廉的了。"

客户有"敌意"：转换话题，不做那只替罪的羔羊

还没有任何人在和客户的吵架中获胜。

——德国管理顾问　塞巴斯蒂安

销售人员在销售的时候，需要面对形形色色的客户，所以会遇到各种复杂甚至令人难堪的情况。客户对销售人员充满敌意就是其中的一种。有时候，客户的这种敌意其实与销售人员无关，或许只是当时他的心情很糟糕，于是他就很自然地把敌意和焦虑强加在销售人员的身上。比如，当你接近客户时，他毫不掩饰自己的不耐烦：双手抱胸，身体后仰；不停看手机、看手表；眼睛经常游离在别处或者斜着眼睛看你，一副冷漠的样子；等等。

除此之外，他还可能会展开语言攻势：

"你是骗人的吧？"

"你怎么还不走？"

"你烦不烦？我不需要！"

"你听不懂话吗？我让你出去！"

……

面对这样的情况，销售人员通常会做出两种反应：逃避反应和敌对反应。

1．逃避反应

对于逃避反应，我们可从以下销售情景中看出端倪。

当三名客户一起购买产品时，若其中两名客户对销售人员的态度是友好的，愿意协商讨论，而另外一名客户则态度冷漠时，销售人员通常会忽略充满敌意的客户，希望销售过程在没有那位客户参与的情况下继续进行，他会将注意力集中到另外两位愿意参与进来的客户身上。

此时，销售人员的大脑完全受情感控制。当那位不大愿意参与进来的客户最后忽然插话道"这个价格能打九折吗"，销售人员一定会不假思索地一口答应。若是那位客户再提出其他要求，销售人员出于逃避反应往往会满口答应。

2．敌对反应

这种反应的表现是销售人员用敌对的态度回应客户的"敌意"。销售人员可能会出现以下几种情况：

（1）摆出一副咄咄逼人的姿态，身体逼近客户。

（2）说话语速变快，声音不自觉地提高几个分贝。

（3）采取防御的姿态，语调变得尖锐短促。

（4）试图向客户证明自己的聪明，不知不觉陷入产品推销的销售逻辑。

（5）以讽刺来回应客户的问题。比如，客户问："为什么你们的价格比其他家高一些呢？"销售人员可能会回答："你是想买一辆奇瑞QQ，还是一辆凯迪拉克轿车呢？"

事实上，以上两种反应，都是因为销售人员没有控制好自己的情绪，从而说出了阻碍成交的话，陷入了客户主导的购买过程。而真正高情商的销售人员则会采取另一种应对方式，那就是"以退为进"。他们会避开客户消极负面情绪的触发点，不对客户的"敌意"做出反应或者回应。这样，才能让销售过程继续下去。

销售人员甲和客户张总在谈项目合作的事情，但是张总并没有对此表现出足够的兴趣，他不时做出防御性的肢体动作。

销售人员甲："张总，非常感谢您今天能过来和我会面，能和您这么优秀的人一起合作让我感觉非常愉快。但是，我总感觉今天咱们讨论的事情并不是您优先考虑的。"

张总："是的，这确实不是我优先考虑的事情。"

销售人员甲："我也是这样认为的。那您认为我们现在应该谈些什么事情呢？"

……

接着，张总谈了自己的日程安排，这些都是与营销和品牌推广相关的，很快，谈话的主题就转移到了营销和品牌推广，这显然符合当时谈话的正确方向。虽然，这次的谈话一开始偏离了原本谈话的初衷，当时也没有达成合作意愿，但是，两个月后，销售人员甲就多了一个新客户——张总。

销售人员甲正是采用了以退为进的说话技巧，运用自己的同理心，及时转换了话题，最终将张总变成了自己的客户。

这个例子也可以得出：当客户充满敌意时，销售人员首先要管控好自己的情绪，这样才能说对话，让销售过程朝着有利于自己的方向发展。

销售人员在日常的销售过程中，面对客户的敌意，同样可以采取这样的表达模式——冷静地中断令人不悦的话题，对客户说："非常感谢您能抽出时间来和我交谈。但是，我感觉咱们应该转换一下刚才的话题。您认为呢？"

在说出这句话的时候，不能带有任何愤怒或者不满的情绪，也就是冷静地说出事实，这是一种有着强大影响力的表达技能。这样能够让销售人员更好地管控自己的情绪，而不是被情绪牢牢控制着，说出让对方无法接受、令自己后悔的话。

要想消除客户的"敌意"，销售人员需提升两个方面能力：一是自我察觉的能力，这是一种对自身感觉和事情原因进行认知的能力，这种能力可以帮助我们选择以怎样的方式来对待他人；二是自我肯定的能力，就是以友好的方式来说明自我需求的能力。

情景练习

地点：电器商城。

背景：一名顾客想要购买一台电脑，他在电器商城挨家挨户地挑选，每一家的电脑销售人员都在使出浑身解数招徕生意，想要让这名顾客购买自己家的电脑。

问题

如果你是其中一家电脑专卖店的销售人员，你会怎样表达来达成交易？

参考答案

可以热情地说："挑了这么多家，一定很累吧，坐下来休息一会儿吧！现在，可以和我说一下您对电脑有哪些要求吗？"

最好的说服，就是引起对方的共鸣

> 客户最关心的是质量、服务和价值。
>
> ——世界营销大师 菲利普·科特勒

有一句著名的销售箴言："在同等条件下，客户会从他们喜欢的人那里买东西。"也就是说，销售人员给客户带来的好感度在销售过程中具有举足轻重的地位。

事实上，即使条件并不相同，甚至条件稍差，客户依然会选择从他们喜欢的人那里买东西。

有一个承包商团队失去了一个高达一亿美元的项目，他们感到十分沮丧，因为这次合作机会被一个比他们差很多的竞争对手夺去了。究其原因，他们认为，是"情感的化学反应"在起作用。

这样的情形太多了，有的销售人员循规蹈矩地开发客户，并相信自己能为客户提供最佳的产品，能提出帮助客户解决问题的最佳方案，但是由于缺乏对客户内心想法的了解，最终失去了成为讨其喜欢的销售人员的机会。

要想赢得客户的喜欢，引起对方的共鸣，销售人员需要具备一项非常重要的特质，那就是同理心。

有同理心的销售人员会关注客户的沟通习惯，他会调整自己的说话风格，努力做到与客户保持一致，这样便可以给对方亲近的感觉，从而增加客户对自己的好感度。

1. 与客户的行为相匹配或相似

与客户的行为相匹配或相似，通常有两种模式。一种是模仿客户的肢体动作，比如，客户做出前倾的动作，销售人员可以在1分钟后做出同样的动作。另一种是模仿客户的说话方式，比如，如果客户说话缓慢，声音较小，那么，销售人员可以调整自己，采取一种与客户相同的心平气和的沟通方式。

2. 注意客户的沟通风格

一般来说，客户会采用三种方式来处理信息：视觉、听觉和触觉。

（1）用视觉处理信息。

这类客户有一个特点，那就是比较注重用图形的方式来看待周围的一切，他们常常会说出"我想到了一个画面""说给我看看""我所持的视角是……"等话语。如果销售人员留意到客户经常说出类似的话，就可以有意识地使用这种具有视觉性的语言，更好地建立与客户的联系或者表明观点。

对于这样的客户，销售人员可以这样说："我可以让您看看，我们为其他客户提供了哪些服务。"或者说："这就是我们所能为您提供服务的全景图。"

（2）用听觉处理信息。

与上一类客户相比，这类客户更倾向于通过倾听来获取信息。他们常挂在嘴边的话是"我正在听你说话""再说仔细一点""听上去像是……"等。销售人员如果没有留意对方的这些措辞，那么就很可能在沟通和好感度两个方面都出现"丢分"的情况。

注重用听觉获取信息的客户希望销售人员能够说得更多，而不希望从一大堆图表中获取信息。如果销售人员丢给客户一堆图表让他自己研究，他就很容易产生厌烦情绪。

在面对这类客户的时候，善于观察且有同理心的销售人员常常会收起那些与视觉联系在一起的信息，通过自己的话语传递给客户他们想要了解的信息。

（3）用触觉处理信息。

这类客户在说话时显得十分谨慎，对于别人的提问往往不会立即给出答案，而会花时间去处理这些信息的内容。他们常说的话是"我的直觉告诉我""我希望能够总揽全局""给我一点时间去思考"等。

在面对这类客户的时候，很多销售人员虽然嘴上没说，但是肢体语言在告诉客户自己是有多么的不耐烦。当然，这是一种错误的态度，正确的态度应该是充满耐心，像客户那样去说话。

销售知识速递

销售中的同理心分为四个层次：第一个层次是"强买强卖"，这是最低层次的同理心，处在这个层次的销售人员只关心自己的产品能否卖出去，不考虑客户的感受；第二个层次是"闻见鱼腥"，处于这一层次的销售人员在不经意间听见客户提起需要什么时，就迫不及待地打断他，向他推销商品；第三个层次是静电式移情反应，处于这一层次的销售人员能通过肢体语言积极地回应客户；第四个层次是提供解决方案，处于这一层次的销售人员善于察言观色，能积极回应客户的需求，为客户答疑解惑，从而提供最佳解决方案。

情景练习

地点：一家百货商场。

背景：销售人员小徐正向张大妈推销电磁炉。他向张大妈介绍使用电磁炉多么方便，但是张大妈似乎对这些不感兴趣。面对小徐的热情推荐，她不住地摇头："听说使用电磁炉太费电了，我们不敢用啊！否则每月的电费都交不起。"

问题

如果你是小徐，你会怎样说服张大妈买下电磁炉呢？

参考答案

可以找一款比较省电的电磁炉，为张大妈算一笔账："您看，这是我们这里最省电的一款电磁炉。和其他家的电磁炉相比，每天可以节省0.5元的电费，这样一年就能节省182.5元，而我们的电磁炉才卖180元，您看多划算啊！"

找准客户关注点，把话说到点子上

> 销售成败，15%取决于知识和技能，85%取决于沟通。
>
> ——人际关系学大师 卡耐基

在有限的时间内，说有效的话，说正确的话，这是销售沟通中永恒不变的黄金定律。用通俗的话说，就是把话说到点子上。把话说到点子上，通常包括以下几个方面。

1. 把话说到客户的兴趣点上

对于销售人员来说，销售过程就是主动与人搭讪沟通的一个过程。既然是主动搭讪，就会不可避免地出现被客户冷落的情况。

如何化解被冷落的场面，完成"让客户从拒绝到接受"的销售过程呢？说一些客户感兴趣的客套话，有助于销售人员拉近与客户的关系，为以后的产品介绍做好铺垫。下面是销售人员常用的一些套近乎的技巧。

（1）开场白简洁明了。

在面对面的销售沟通中，说好第一句话十分关键。专家研究发现，在刚开始交谈的几秒钟内，顾客所获得的刺激信号往往比此后的10分钟内所获得的要深刻得多。对于大部分客户而言，听销售人员说的第一句话比后面的话要认真得多；他们往往会根据销售人员的第一句话来自觉或不自觉地决定将其打发走或者继续交谈下去。

（2）巧言打动顾客的心。

比如，一个推销商赶来与客户洽谈，见面的第一句话是："说真的，可能我一提起它，你就会不耐烦地赶我走。"这句话一下子就让对方产生了兴趣："噢？为什么呢？"接下来，客户的注意力就完全集中在了推销商将要讲述的话题上。

2. 把话说到客户的思考点上

很多销售人员在销售的过程中都有一个通病，那就是见到客户后一上来就推销自己的产品，迫不及待地想要成交，其实，这样很容易引发客户的逆反心理，反而不容易成交。然而，如果换一个思路，站在对方的立场考虑问题，想他们所想，把话说到他们的思考点上，或许能够收到意想不到的效果。

有一位著名的销售培训师曾告诫自己的学生："把冰箱卖给因纽特人的推销员并不是好的推销员，因为因纽特人在发觉自己上当以后就再也不愿意见到他了，而他自己也不要想着再去那里卖任何其他东西了——他已失去了那些人的信任。"

只有一心为顾客着想的人，才能真正赢得市场，获得成功。所以，积极为客户着想，将"以诚相待、将心比心"作为对待客户的基本原则，这样，销售人员才能真正获得顾客的青睐。

3. 把话说到客户的笑点上

有心理专家通过一系列研究得出一个结论：人们在倾听时的注意力每隔5～7分钟就会有所分散，要想让他们重新集中精力，就需要给予他们相应的刺激，为他们制造一些兴奋点。

对于销售人员来说，如果在向客户推销商品的时候，客户呈现出了疲劳状态，该如何刺激他们，消除他们的心理疲劳呢？最好的办法就是在交谈过程中适时插入一些幽默风趣的言辞。即使在正常情况下，与客户进行沟通，使用幽默风趣的语言也能轻松赢得对方的好感，促成交易的达成。

4. 敏感的话要说到外围点上

在与客户沟通的过程中，销售人员要注意维护客户的面子和自尊。许多销售专家指出，在与顾客沟通的过程中，如果让对方失了面子，那么，即使用最好的方法补救，也会产生一些不尽如人意的结果。

很多时候，令对方丢面子、伤自尊，都是因自己言语上的不谨慎而造成的。特别是在双方产生较大分歧的时候，如果不够冷静，就很容易将"问题"和"人"混同起来，就很可能出现对人的攻击和指责，从而伤害对方的自尊。所以，销售人员在进行销售的时候要注意语言的含蓄性，应根据当时特定的环境和条件委婉地向客户传递信息。

情景练习

　　地点：一家大型商场。

　　背景：某外企高管杨女士想要购买面膜，一进门，她就看见A化妆品专柜前摆满了琳琅满目的化妆品，但是她看都没看，直接向迎宾小姐询问B化妆品。

问题

　　如果你是A化妆品专柜的促销员，你会怎样说来留住杨女士，让她购买自己的化妆品呢？

参考答案

　　我会走到杨女士身边，礼貌地问："这位女士，冒昧打扰一下，请问您为什么不选择A化妆品试一试呢？"当杨女士说完自己的想法之后，我可以"配合做调查送礼品"的方式留住杨女士，摸清她的喜好，再采取相应的话术来促使她购买。

做好销售前的准备工作：筛选、预约

销售游戏的名称就叫服务，尽量给你的客户最好的服务，让他一想到和别人做生意就有罪恶感。

——著名推销大师 乔·吉拉德

在一些培训课上，培训讲师总是告诉销售人员"只要信心百倍，你就可以说服所有的客户"。在一些励志书籍上，作者也会鼓励人们"你可以搞定所有的客户"。因此，一些销售新手就认为，自己碰到的每一个人都可能成为自己的客户，都可能会购买自己的产品或者服务。于是，他们就不放过任何一个开发客户的机会，整天奔波忙碌，但是他们的业绩并不是很好。

究其原因，是他们没有对客户区别对待。事实上，大多数有着丰富销售经验的销售人员都知道，在开展日常业务时，总有一些无法说服的客户存在。

1. 客户筛选：1/3客户定律

在销售行业中，有一个1/3客户定律。这是对客户进行统计分析后得出的一个结论：在所有的客户中，有1/3是销售人员必须说服的，而且也是一定能被说服的客户，还有1/3的客户是仅仅有购买意向的潜在客户，剩余的1/3则是永远无法说服的客户。

对销售人员来说，对客户进行筛选，是一项必须做的重要工作。要善于把自己的精力用在那些有购买意愿的客户上，果断放弃那些没有什么交易价值的客户。这样做，并非因为我们的业务能力不足，也不是因为客户太难缠，只是缘于一些无法预知、无法抗拒的客观原因。

2. 提前预约：提高成功率

有一定销售经验的人都知道，直接前往陌生客户处进行拜访，效果并不理想。但是，如果能提前预约，再按约定时间进行拜访的话，就能极大地增强推销活动的针对性，成交的可能性也会增加。

提前预约有两方面的好处。一是节约双方的时间。提前预约，不但节约了销售人员的时间，而且也节约了客户的时间。二是给客户带来好感。预约可以给客户带来这样的感觉：销售人员在为我着想，知道我很忙，所以才特意提前预约，这是对我的尊重。在与销售人员进行具体接触时，他们会十分珍惜和销售人员在一起的时间，而且会认真倾听销售人员对于产品的介绍。

因此，可以说，只要让客户接受了预约，销售人员就完成了销售过程中一个非常重要的环节，接下来就是如何向客户介绍产品或者服务了。

在实际的销售工作中，我们经常会遇见一些很难预约成功的客户，但是这些客户很可能是最好的客户。为此，我们需要掌握一些与难以求见的客户打交道的行之有效的预约技巧。

（1）以给客户邮寄资料为借口进行预约。

比如，销售人员可以这样说："×××，您好，上周我们公司给您发了一份关于我们新生产的电饭锅的说明资料，您收到了吗？不知道您是否喜欢我们的产品，或者您有什么好的建议，可以和我沟通一下。"

以邮寄产品资料为引子，可以使销售人员的电话显得不那么突兀，从而减少客户的排斥心理。另外，销售人员以请教问题的方式要求见客户，也显示了对客户的尊重和重视，必然会让客户产生好感。

（2）以向客户祝贺为借口进行预约。

通常来说，家里有喜事的时候，客户不会对销售人员进行生硬的拒绝，这样预约成功的概率就很大。比如，可以这样说："×××，您好，我是××家具厂的销售员××，听说令爱将要结婚了，恭喜恭喜！不知道您给女儿的嫁妆准备得怎么样了，我这里有一套进口橱柜……"但是需要注意的是，有关客户的喜讯消息要可靠，否则容易弄巧成拙，令客户生厌。

（3）以帮助客户解决问题为由进行预约。

销售人员以帮助客户解决令他伤脑筋的问题为由预约客户，可以吸引客户的注意力，这样预约成功的概率就会高一些。比如，"××您好，我是××机械厂的销售员××。据我了解，贵厂一直被员工的考勤问题困扰，我们公司新上市了一款打卡机，它能够帮您轻易解决员工记录考勤的问题……"

情景练习

　　地点：不确定。

　　背景：一个销售人员给一位老客户打电话，想要和他见面，向他介绍一款新产品。客户虽然同意见面，但是说自己平时比较忙，抽不出时间。

问题

　　如果你是这名销售人员，你会怎样和这个客户预约见面的时间？

参考答案

　　可以这样说："要不约到周三吧，您看几点合适？我这里正好有一份新品，给您带过去一份。"

　　（表达要点：一是应给出具体日期，这样的话，即使客户拒绝这个日期见面，也多半会给出另外一个见面时间；二是给出更精确的时间点；三是给客户一个小惊喜。）

第二章
初次见面：会说"暖语"，
拉近与客户的心理距离

两个陌生人之间注定会有心理隔阂，一句暖心的话，一句得体的开场白，能够拉近你与客户之间的心理距离，为成交做好情感铺垫。

闲聊，开启销售的秘密武器

> 你唯一要销售的东西是想法，而那些也是所有人真正想买的东西。
>
> ——寿险销售大王 乔·甘道夫

销售的要点在于避免刺激顾客产生消极反应。这是因为在生活中，大多数人不喜欢销售人员，原因无非有以下几种。

（1）销售人员经常卖给顾客他们并不需要的、不好的东西。

（2）当顾客真的需要寻找什么东西的时候，他们却往往找不到。

（3）销售人员对于商品没有足够的了解。

（4）销售人员过于轻浮或者总是急于成交。

（5）顾客需要考虑较长的时间来决定是否购买，但是销售人员会一直催促。

正因为这些，销售人员要开启销售就变得异常困难。对于销售人员来说，在销售过程中要做的第一步工作就是消除顾客的抵触情绪，这样才能有机会发展关系，完成销售。

那么如何消除顾客的抵触情绪呢？事实上，开启销售的秘密武器就是闲聊，也就是进行琐碎、随意的谈话。销售人员应该学习和掌握一些消除客户戒备心理和抵触情绪的闲聊知识和技能，这样才能让销售的过程更加顺利，而且更容易成功。

1. 寻找激起客户兴奋度的话题

在初次见面时，如果销售人员能够找到一些激起客户兴奋度的话题，那么可以在一定程度上消除双方的陌生感，让对方卸下戒备心理。比如，可以聊一些关于客户的公司、家人或者身体健康之类的话题，这些都是人们普遍关心的、能激起对方兴奋度的话题，这样的交流方式，有助于拉近彼此之间的感情。

2. 寻找能引起客户共鸣的话题

在与客户初次见面时，销售人员如果能围绕客户的兴趣爱好展开谈话，那么很容易引起客户共鸣，这样才能把话说到客户心里去，接着进行产品介绍和展示就会变得顺理成章。

当然，对于初次见面的客户，要了解他的兴趣爱好，销售人员就要在见面之前下一番功夫，主动通过其他渠道进行了解，只有这样，才能准确找出能引起客户共鸣的话题，让双方之间的交流变得更加顺畅和高效。

3. 表达对客户的赞美

在日常生活中，恰如其分的赞美可以拉近彼此之间的感情。对于销售人员来说，赞美客户也是卸掉客户心理防备、拉近彼此心理距离的一种有效方法。销售人员在初次拜访客户时，对客户进行恰当的赞美，可以使客户身心得到放松，使销售过程更加顺畅，也就有利于产品的销售。

在选择赞美的话题时，销售人员可以从一些具体的点，如客户的办公环境、业务、产品或者家庭入手，进行恰当的赞美。比如：

"您这间办公室真敞亮，装修得大气美观，一看您就是一个爽快人。"

"早就听闻贵公司在整个行业中业绩傲人，今日一见，果然如此啊！"

"贵公司的产品我亲自试用过，感觉效果非常好。"

除此之外，销售人员还应善于发现客户身上的闪光点，那是他最为得意的地方，如果销售人员能够适时对其进行赞美，定能获得客户的好感。

💡 小贴士

销售人员在进行赞美时，不要过多涉及客户的隐私。如果让客户认为销售人员过分关注他的隐私，就会感觉十分不舒服，甚至会怀疑对方动机不良。所以，销售人员在对客户进行赞美时，应把握好分寸，在合适的范围内对其进行赞美，以此获得客户的青睐。

4. 适当拓展话题

销售人员要想在初次见面时卸掉客户的心理防备，还可以适当拓展话题，与客户谈一些时事、社会、生活等方面的话题，这同样能有非常好的效果。

如果销售人员在平时的生活和工作中能够多关注与产品相关的社会生活信息，就能够在与客户的交谈中自然而然地提及，这一方面增加了谈话的内容，另一方面还能够促使客户主动关注与信息相关的产品。

情景练习

地点：客户家中。

背景：一个销售人员初次拜访客户，正在兴致勃勃地为客户介绍产品，可是，客户六岁的女儿总是不时地跑来打断双方的谈话。

问题

如果你是这个销售人员，你会怎么说、怎么做？

参考答案

我会对客户说："您家宝宝好可爱哦，她今年几岁了呀？"

（表达要点：一是不要在话语中表现出不耐烦的情绪，认可打扰的合理性；二是试图聊聊关于孩子的话题；三是再次切回原来的话题或者另约时间再谈。）

暖场寒暄，化解对方的抵触情绪

> 对每个推销人员来说，热情是无往不利的，当你用心灵、灵魂信赖你所推销的东西时，其他人必定也能感受得到。
>
> ——著名女企业家　玫琳·凯

心理学认为，一个人在接触陌生人时的第一反应是防备。所以，销售人员在与客户初次见面时的首要任务就是消除客户的防备心理。客户只有消除对销售人员的防备心理，才能减少自己对销售人员和产品的成见，并乐于接受他的产品展示和介绍。销售人员要切记，不要一看见客户就向他介绍产品和公司，因为这只会引起对方的反感，最好通过寒暄慢慢地打开客户的心扉。

一般来说，最经典的寒暄话题就是天气和自然环境，即销售人员与客户一见面，就可以自然地与其谈论当前的天气，比如"今天的天气真好啊""今年冬天的雾霾天气明显好转了"等。

研究发现，如果一个人愿意与陌生人谈论一些无关紧要的话题，那么双方的幸福感就会增加，因为这样的谈话氛围是轻松、愉快、没有压力的，人们在这样的场景下就会呈现出身心放松的状态。所以，为了消除客户的防备心理，销售人员可以天气或者自然环境作为寒暄的内容。

当然，如果当时天气不好，那么可以选择其他一些令客户感觉轻松、愉快的话题，如健康话题、各地的风土人情、新闻大事等。

不过，对于销售人员来说，寒暄的任务并不是简单地和客户聊一些无关紧要的话题，而是在面对客户时想办法打开话匣子，让客户愿意和自己说话，甚至成为自己的朋友，彼此之间建立相互信任的关系。

在销售过程中，常用的寒暄方式有以下几种。

1. 问候式寒暄

这种寒暄方式就是常见的打招呼，如"您好""大家好""早上好""吃过饭了吗"等传统问候语。有时还会用到"幸会""久仰"等具有古代汉语色彩的问候语，但是这些问候语多用于比较庄重的场合，平时很少用到。

2. 关照式寒暄

关照式寒暄主要是积极关注客户的各种需求，在整个寒暄过程中不动声色地帮助客户解决一些疑问或者难题。

3. 攀认式寒暄

这种寒暄方式就是首先找出双方共同的亲近点，并以此借题发挥，从而达到和对方顺利接近的目的。在这三种寒暄方式中，攀认式寒暄是最重要的，如果运用得当，可以为双方的进一步沟通做好铺垫。比如，"您也喜欢养小动物啊，真是一个有爱心的人……"

不管哪一种寒暄方式，销售人员在使用的时候都要注意以下三点：一是话题的切入要自然，二是建立认同感，三是创造和谐的气氛。这三点是相辅相成、不可分割的，因为只有切入了恰当的话题，才能拉近双方的心理距离，迅速建立双方的认同感。当认同感建立起来后，再加上寒暄时销售人员诚恳、热情的态度，以及双方所表现出的共同的对寒暄内容的极大兴致，就构成了一种和谐的交际气氛。

从交际心理学角度来讲，恰当的寒暄可以使双方产生一种认同心理，进而使得一方很容易被对方的感情同化，实际上这体现了人们在交际中的亲和需求。这种亲和需求在融洽气氛的推动下将逐渐升华，这样销售人员就可以顺利地将产品推销给客户。

小贴士

　　暖场寒暄是销售人员的必备技能，也是在与客户初次见面时必须要做的准备工作，销售人员对此应给予充分重视。需要注意的是，寒暄的时间不宜过长，一般以1~2分钟为宜，等客户在心理上放松以后，销售人员就可以向其介绍和展示产品了。

地点：一家服装店。

背景：顾客林女士走进服装店，想要买一件蓝色调的衣服，因为她认为蓝色给人一种清新自然的感觉。销售员A马上开始给林女士介绍："你看，我们这里有很多蓝色调的衣服，您想要哪种款式？"结果林女士说："好的，我再看看吧。"说完转身走了。

问题

如果你是这家服装店的销售人员，你会怎么对待这名顾客？

参考答案

可以对林女士说："是啊，蓝色给人一种豁达的感觉，我也喜欢蓝色。"

（表达要点：说话要尽量拉近与顾客的心理距离。这样说可以获得林女士的认同，接下来再给她介绍蓝色调的衣服，她就比较容易接受了。）

勤用礼貌用语，满足对方被尊重的需求

> 对客户友好不用花钱，却能给你带来很多好处。
>
> ——德国管理大师　西蒙

在与客户聊天或者沟通的过程中，如果对方心墙高竖，那么沟通很难取得实质性进展，销售人员也很难取得对方的信任，并难以说服其成交。所以，与体育比赛的热身赛相似，销售活动展开前也要进行相当于销售行为的热身运动——开场寒暄。

常言道："良言一句三冬暖，恶语伤人六月寒。"礼貌用语就是"良言"中的一种，它显示了对对方的尊重，是一种友好态度的表现。如果销售人员能够在开场寒暄中多运用"请""谢谢""对不起"等礼貌用语，不仅有助于双方的良性沟通，而且对调和与融洽双方的关系也能起到促进作用。

法国空中客车公司有一个销售高手，名字叫作贝尔纳·拉迪埃。起初，他被推荐到该公司的时候，面临的第一个挑战就是向印

度推销飞机。

这是一项十分棘手的任务，因为这笔交易经印度政府初审后，并没有获得最终批准。交易能否达成，就看销售代表的谈判能力了。作为销售代表，贝尔纳·拉迪埃的任务十分艰巨。

很快，贝尔纳·拉迪埃就来到了印度首都新德里，前来接待他的是其谈判对手——印度航空公司的主席拉尔少将。与拉尔少将相见后，贝尔纳·拉迪埃热情洋溢地说："谢谢您，拉尔少将！正是因为您，我才有机会在我生日这天又回到了我的出生地！"

他的这番话使拉尔少将十分受用，拉尔少将很快就对贝尔纳·拉迪埃产生了好感。最终，凭借自己娴熟的谈判技巧，贝尔纳·拉迪埃为空中客车公司拿下了这宝贵的一单。

其实，贝尔纳·拉迪埃的成功在很大程度上缘于他在与客户第一次见面时的感谢式寒暄。他所说的那句开场白简明、得体，包含了两层意思：一是当天是自己的生日，而且自己是新德里人，在这个有纪念意义的日子回到自己的出生地，是一件令人开心的事情；二是他想告诉对方，自己之所以有这个难得的机会，是因为要同对方谈判，也就是说，这个契机是对方给予自己的，所以自己应该感谢对方。通过这句开场白，贝尔纳·拉迪埃成功地拉近了自己和拉尔少将的距离。

销售知识速递

感谢式寒暄，顾名思义，就是以感谢作为寒暄的话语。这种方式的寒暄需要指明感谢的内容，如客户付出的时间、客户所给的机会，或者仅仅只是感谢客户的配合等。

这种寒暄方式从情感上更容易被人接受，因为感谢的话语会使对方心情愉悦，双方的关系也会变得更加亲近、融洽。

在与客户沟通的过程中，经常使用礼貌用语是销售人员个人良好素质的体现，同时也表现了对客户的重视，满足了客户被尊重的心理需求。

一般来说，礼貌用语分为以下几种。

1. 欢迎语

欢迎语是接待来访客户时必不可少的礼貌用语，常见的欢迎语有"欢迎光临""欢迎""见到您很高兴"等。

2. 问候语

问候语一般不强调具体内容，只表示一种礼貌。在使用上通常简洁、明了，不受场合的约束。不管在什么场合、什么地点，销售人员在与客户见面时都不应省略掉问候语。

常见的问候语主要有"您好""早上好""中午好""下午好"等。与外国客户见面打招呼时，最好使用国际上比较通用的问候语，如"How do you do"等。

3. 请托语

当销售人员向客户提出某种请求或者要求的时候，应使用必要的请托语，"请"字当先，并且语气要诚恳，不要低声下气，也不要趾高气扬。常见的请托语包括"劳驾""有劳您了""让您费心了"等。

4. 致歉语

在销售过程中，如果销售人员由于某种原因影响或者打扰了客户，尤其是当自己失礼、失约、失陪的时候，要及时、主动、真心地说出致歉语，向客户表达自己的歉意。常用的致歉语有"抱歉""对不起""请原谅""失礼了""不好意思，让您久等了"等。

5. 征询语

在与客户交谈的过程中，销售人员应经常地、恰当地使用一些征询性的话语，诸如"您有事需要帮忙吗""我能为您做些什么""我可以进来吗""您看这样行吗""您不介意的话，我能看一下吗""您还有什么事吗"等，以此显示对客户的尊重。

6. 告别语

告别语常常给人一种客套之感，但是也应不失真诚与温馨。销售人员在与客户告别时，神情应友善温和，语言要不失分寸，语气要委婉谦恭。常用的告别语有"欢迎下次光临""非常高兴认识您，希望以后常联系""十分感谢，咱们后会有期"等。

地点：客户钟先生家里。

背景：赖经理是一名保险代理商，他前去拜访钟先生，想要游说对方加入保险推销行业。可是，钟先生一听说赖经理是做保险的，就敬而远之，想要将他扫地出门。

问题

如果你是赖经理，你会怎样说以消除对方的排斥心理呢？

参考答案

见面的第一句话可以说："钟先生，您好！您这么忙还抽出时间来见我，真是太感谢了！"接着，可以递上自己的名片，对他说："这是我的名片，以后还请您多多指教。"

说好开场白，销售就成功了一半

> 营销是没有专家的，唯一的专家是消费者，就是你只要能打动消费者就行了。
>
> ——著名企业家　史玉柱

对于销售来说，开场白指的是销售人员在接触目标客户时最开始对其所说的话。好的开场白是销售成功的一半，甚至可以说，它决定着本次销售活动的成败。现代销售理论奠基人戈德曼博士再三强调，客户听你说第一句话比听其他的话更加专心，如果他连你的第一句话都不感兴趣，那么就不会再浪费时间听你讲下去。因此，销售人员必须精心设计出别具一格的开场白，瞬间抓住客户的注意力，这样才能保证销售活动顺利开展下去。

1. 开场白的三个法则

要想说出足够吸引客户的开场白，销售人员最好遵循开场白的三个法则。

（1）开场白不要提及销售。

如果销售人员以做生意的姿态来对待顾客，那么他将会收到对方条件反射性的、拒绝性的回应，如"我只是看看"。相反，如果销售人员热情地说"请问您有什么需要"或者"我能为您做些什么"，客户就不会做出生硬的拒绝性的回应。

（2）开场白应该是鼓励交流的问话。

在消除顾客抵触情绪的过程中，交流是最关键的因素，那些例行公事的话语对开启销售起不到任何的助益作用。开场白应该是一个有意思的提问，但是最好是开放式提问，而不是只能用"是"或者"不是"作答的问题。比如：

对话一：

销售人员："商场里的人还多吗？"
顾客："不多。"

对话二：

销售人员："商场里的人流现在是什么状况？"
顾客："哦，我上午来的时候人特别多，人山人海，拥挤不堪。不过，现在人少了一些。"

以上两个对话中，对话一中的提问就属于封闭式提问，对话二中的提问则属于开放式提问。

（3）开场白要真诚、有特色，让人有交流的欲望。

有销售人员与顾客搭讪："外面天气怎么样？"结果顾客回了一句："我就是看看。"为什么这样呢？原因很简单，因为无趣的开场白不会勾起对方交流的欲望。

不管是以幽默的方式作为开场白，还是以其他方式作为开场白，销售人员都要找好适合自己的风格，并加以强化，使之形成自己独特的人格魅力。

销售知识速递

销售人员在准备开场白的话题时，要有针对性。面对不同类型的沟通对象，销售人员必须采用不同的沟通话题，而且话题还要能引起对方的共鸣，这样对方才会愿意和你交谈，并且对你产生信任感。

一般来说，不同年龄的人群，都有不同的感兴趣的话题。比如，少年喜欢谈论自己的偶像；男青年喜欢谈论成功和理想，女青年喜欢谈论美丽和时尚；事业有成的中年男性喜欢聊事业，普通的中年男性喜欢聊平淡的人生；中年女性喜欢聊孩子的话题，尤其是孩子的教育问题；老年男性喜欢聊自己过去的辉煌经历，老年女性喜欢聊健康的话题；等等。

销售人员可以根据不同人群的喜好，聊他们感兴趣的话题，以此建立客户对自己的信任感。

2. 几种常见的开场白类型

一般来说，销售员常用的开场白有以下几种。

（1）假设问句式开场白。

比如，"如果我推荐给您一套关于个人效率的书籍，您打开书后发现内容十分有趣，您会不会将其买下呢？"销售人员在设计这种类型的开场白之前，首先要问问自己：客户为什么要将注意力放在自己身上？他为什么要听自己说话？只有这样，开场白才能有针对性，才能在开场的几十秒内抓住客户的心。

（2）抛出利益式开场白。

在实际购买过程中，客户最关心的永远都是要购买的产品能给自己带来什么实惠和好处，比如，能降低多少成本、提高多少效益、是否让自己的生活更便利等。如果销售人员在开场白中介绍产品所带来的利益，就能够激起客户的好奇心，让其愿意花点时间了解一下。

（3）设置悬念式开场白。

心理学研究表明，好奇是人类行为的基本动机之一。优秀的销售人员往往善于利用人们的这种好奇心理，或设置一些悬念，或故作惊人之语，巧妙地营造一种使顾客关注的情境和氛围。

（4）以退为进式开场白。

采用这种说话策略的要点是：提前告诉客户自己不会占用他太多的时间，会限定在一定的时间范围内；让客户知道，自己不会进行强迫式销售，消除客户的抵触心理。

（5）他人引荐式开场白。

据调查，通过第三方引荐而接近客户的方法是一种十分有效的方法，成功率高达60%以上。这种方式的开场白好处在于能获得对方的了解和信任，消除对方的戒心，进而为销售创造宽松、和谐的沟通氛围。

如果销售人员能够找到一个客户认识的人，并且对方也十分愿意牵线搭桥的话，那么在和客户见面的时候，就可以这样说："您好，郭总，我是您的好朋友齐总介绍来的。"不过，需要注意的是，销售人员向客户提到的人一定要是客户熟悉或者有一定权威、值得信赖的人。如果可以的话，最好请他亲自和客户打招呼。

情景练习

地点：某商城的化妆品专柜前。

背景：化妆品销售人员小艾看到一位女士停在了展柜前，于是上前热情地打招呼："您好，欢迎光临，请问有什么需要我帮忙的？"女士不说话，看都不看小艾一眼，只是继续对着展柜里的化妆品东看看西瞧瞧。小艾又问："您看上了哪一款呢？需要我给您一个建议吗？"女士有点儿不耐烦地说"我随便看看"，并做出要走的姿势。

问题

如果你是小艾的主管，你将通过怎样的开场白来留住客户的脚步呢？

参考答案

可以热情地说："没关系，您随便看，其实，您的皮肤特别好，不用任何化妆品都很好看呢。"这句赞美的话有助于挽留顾客，只要顾客留下来了，就可以接着转入正题："皮肤好是好事，但是也不能不注意保养，只有保养得好，皮肤才不容易衰老……"

30秒黄金定律：准备有特色的自我介绍

你一生中卖的唯一产品就是你自己。

——著名推销大师 乔·吉拉德

自我介绍是签单的前奏。在初次见面向客户做自我介绍时，大多数销售人员都会千篇一律地以"您好，我是××公司的××，我今天来拜访您是出于××的目的"的句式展开，但是这种自我介绍的方式是一种程序化的语言，没有什么特色和亮点，不会给客户留下比较深刻的印象。

其实，在初次拜访中有一个"30秒黄金定律"：销售人员在向客户递完名片之后，客户会在30秒内用心倾听销售人员讲话。所以，这关键的30秒甚至能决定整个拜访过程的成败。如果销售人员能在这短短的30秒内引起客户的兴趣，那么接下来的拜访过程就会顺利得多。

销售知识速递

环视你的房间，把注意力集中到一盏灯上。你会发现，不出30

秒，你的注意力就会转移到其他事物上。假如这盏灯能够跳动或者发出声音，也许会重新唤起你的注意。然而，如果这盏灯静止不动或者没有任何变化，它就无法继续吸引你的注意力，从而失去你的关注。

这就是"30秒注意力原理"。这个规律被广泛应用于广播和电视广告方面，事实上，很多电视或者广播广告，其节目长度都限定在30秒以内。

对于销售人员来说，这个规律同样适用于与客户的交谈过程。一般来说，在初次见面后，客户对销售人员的持续注意力只有30秒。要想获得客户认同，销售人员必须要好好把握这珍贵的30秒。

销售人员要想在初次拜访中就获得成功，正确的做法是，在拜访客户之前准备一个有特色的自我介绍，在向客户递出名片的同时介绍自己，让客户对自己留下相对深刻的印象。

一般来说，要想做出有特色的自我介绍，主要可以从以下两个方面入手。

1. 戏说名字

自我介绍的第一个难题，就是让对方记住自己的名字。大多数销售人员在做自我介绍时，只是简单地说出自己的名字。然而，除非自己非常优秀，或者面部具有显著特征，否则普普通通的名字很难给对方留下深刻的印象。所以，在自我介绍时，销售人员有必要为自己的名字附加一个能让对方记忆深刻的解说。比如：

"我叫钱多多，虽然我并没有太多的钱，但是父母依然给予我很大的期望。"

"我叫欧阳悟，'悟'虽然是孙悟空的'悟'，但是由于我长得膀大腰圆，所以有人取笑我是孙悟空旁边的猪八戒。"

"我叫高飞，有人曾风趣地问我：'你是想展翅高飞还是远走高飞？'"

"我叫钱进，但是并没有俗到整天只想让钱进入口袋，而是一心想着前进、不后退。"

2. 说明来意

如果一个药品销售人员走进药店的大门，没有立刻说明自己的来意，那么药店店员很可能把他当作普通的消费者，向他推荐药品，滔滔不绝地介绍药品的功效。介绍到最后，如果该药品销售人员却说："我不是买药的，我是××药厂的销售人员，是来推销药品的……"这时，药店店员就可能会产生一种强烈的被欺骗的感觉，就会对他的推销十分反感。若再想展开推销工作，就变得难上加难了。

其实，这个药品销售人员一走进药店的大门就应该直接表明自己的来意："您好，我是××制药公司的×××，今天来这里主要是想和贵店洽谈代销药品的事情……"

对于如何做好自我介绍，销售人员可以制作一个表格（见下表），填充内容后反复进行演练，将其应用到实际销售中，并根据具体情况进行调整，久而久之，就能掌握一开口就让人印象深刻的自我介绍的话语。

自我介绍构思辅助表格

姓名：	公司名称：
主营业务：	
我的有效提问：	
我的有效论述：	
我所能提供的帮助：	
潜在客户为什么需要立即做出购买的行动：	

销售人员在进行自我介绍的时候需注意以下三点。

（1）话语简洁不拖沓。

话语应尽可能简洁新颖，不要说一些不必要的废话。如果你说话拖沓啰唆，那么对方将不会愿意倾听或者采取购买的行动。

（2）考虑对方的需求。

在向客户传达信息的时候，要充分考虑对方的需求，而非自己的个人意愿。

（3）注意原创性。

千篇一律的自我介绍，很容易被人抛诸脑后，有创意的自我介绍才能令人印象深刻。

💡 **小贴士**

销售人员要想给客户留下一个好印象，不仅要准备一个有特色的自我介绍，还要注意自己的外在形象、行为举止等。最好通过这些短暂的接触，向客户展示自己精湛的业务能力，从而给客户留下一个非常专业的印象，这将为销售工作的顺利开展做好铺垫。

情景练习

地点：客户韩先生办公室。

背景：某软件公司的销售员马克来到客户韩先生办公室，想要向他推荐公司新设计的程序软件。

问题

如果你是马克，你会做出怎样有特色的自我介绍，从而让韩先生对自己和产品产生兴趣呢？

参考答案

可以热情地说："上午好，韩先生，我是××软件公司的销售员马克，我今天来拜访您，主要是想给您分享一款能够提高您的工作效率的软件。我深信，您和××先生一样，也会对这个产品感兴趣的。"

（表达要点：××先生一定要是韩先生熟悉的人或者是有一定权威、一定地位的人。）

得体的赞美，满足客户的优越感

不同凡响的开场白往往具有出奇制胜的效果。

——寿险销售大王 乔·甘道夫

　　每个人都有虚荣心，而满足人的虚荣心最好的方法就是让其产生优越感。想要让他人产生优越感，最有效的方法就是对他引以为豪的事情加以赞美。一旦对方的优越感被满足，那么初次见面的戒备心理就会消失，彼此之间的心理距离就会缩短，双方的关系就会更近一步。这其实是一种接近陌生人的方法，姑且将其称为赞美接近法，也可以称为夸奖接近法或者恭维接近法。

　　对于销售来讲，赞美接近法指的是销售人员利用客户的自尊和虚荣心理来吸引对方的注意力，让对方产生兴趣，进而转入面谈的接近方法。

　　被别人认可，得到他人赞赏，是人的一种心理需求。在销售的过程中，销售人员必须学会站在客户的角度思考问题，通过不需要任何成本的赞美来打动客户的心。

在实际的销售工作中，销售人员会遇到各种类型的顾客，当然包括一些似乎不讲情理的顾客。但是只要销售人员对其不抱成见，不先入为主，总能找出对方一些可以赞美的地方。

当然，赞美是一种语言艺术，不仅有"过"和"不及"之分，还包括赞美对象是否正确，这些都是销售人员在赞美客户时需要注意的问题。

1. 选择适当的赞美目标

销售人员在赞美之前首先要选择适当的目标进行赞美。比如，如果客户的衣着比较讲究，那么销售人员可以赞美他的穿衣品位，并可以向他请教如何搭配衣服为由套近乎；如果客户是一家知名公司的员工，销售人员可以表示羡慕他能在这么好的公司上班；等等。

此外，对于个体顾客和团体顾客，所要赞美的目标也是不同的。个体顾客的赞美目标包括长相、衣着、举止、谈吐、风度、气质、才华、成就、家庭环境、亲戚朋友等。团体顾客的赞美目标包括企业名称、规模、产品质量、服务态度、经营业绩等。

不管是赞美个人，还是赞美团体，都要选择最佳的赞美目标。如果销售人员胡乱吹捧对方，很可能会弄巧成拙。

销售人员之所以要赞美客户，就是为了让其产生"自己非常美好"的感觉。然而，人的长相有美丑之分，人的能力有高低之别，其他方面也都有很大的不同，这些都是难以求全的客观的事实，如果销售人员信口开河地赞美客户并不存在的优点，就会给对方一种虚伪的感觉，那么对方对你的信任感就很难建立起来。对于找不出赞美目标的客户，销售人员有一个普遍采用的非常有效的赞美办法——将赞美的目标转到客户的心灵上。比如：

"您真是一个热心肠的人！"

"您平时喜欢储蓄？这真是一个好习惯！谨慎，稳当！"

"您开车技术不错啊，又谨慎又稳健！"

"没想到您这么细心！"

需要注意的是，在对客户进行赞美之前，销售人员首先应该注意分析销售环境，认真做好接近客户的准备工作，切不可弄错赞美目标。

2. 选择合适的赞美方式

销售人员如果赞美不当，就会使客户感到难堪，甚至起到反作用，使客户对你产生坏印象，所以，销售人员在赞美客户的时候，不仅要诚心诚意，还要把握好分寸。

对于不同年龄、不同类型的客户，要采取不同的赞美方式。比如，对于年老的顾客，最好使用间接、委婉的赞美语言；对于年轻的顾客，则可以使用比较直接的、热情的赞美语言；对于严肃的顾客，应使用自然朴实的赞美语言，点到为止即可；对于虚荣心强的顾客，应尽可能发挥赞美的作用；等等。

需要注意的是，并不是每一位顾客都乐于接受销售人员的赞美。就算同一位顾客，在不同的销售环境里，在不同的心境下，对同样的赞美也会产生不同的反应。所以，销售人员要根据销售的实际情况随机应变，争取将赞美的话说到客户的心坎里。

销售知识速递

赞美不只是对对方的优点和得意之处进行夸赞，其实，附和对方也是一种赞美。在销售人员和客户进行交流的过程中，附和对方起着关键的作用，因为附和意味着同意对方的观点，这在心理学上称为"承认"。当你承认对方的观点正确的时候，对方就会在心里对你产生一种认同感，这样双方之间的关系才会更近一步。

情景练习

地点：一家建材城。

背景：一位男顾客在一款地砖前驻足很久。导购走上前对他说："您的眼光真不错，这款地砖是我们公司的主打产品，也是上个月销售最好的一款产品。"当顾客询问价格后，感觉有点儿贵，就询问导购："还能再便宜一些吗？"

问题

如果你是这名导购，你会怎样说来让顾客不再在价格上计较？

参考答案

可以转移话题，询问顾客在哪个小区居住，得知顾客居住的小区之后，可以对其夸赞一番。最后可以说："买这么好的房子，只有这么好的地砖才能与之相配呢。还有，我们正在搞促销，可以给您一个团购价的优惠。"

第三章
产品介绍：一开口就激发客户的购买欲

顾客为什么要买你的产品，除了因为产品本身的质量和价值，别无其他。销售人员要做的就是，把产品的各种优势传达给客户，让他们心动，不由自主地掏腰包。

提炼卖点法：5分钟讲清产品的卖点

> 质量是维护顾客忠诚的最好保证。
>
> ——通用电气（GE）原董事长　杰克·韦尔奇

所谓产品卖点，即产品具备的与众不同的特色，也就是客户购买该产品能获得的具体利益。产品的卖点可以与产品本身的某种特性有关，也可以与产品无关。

为什么这么说呢？在销售界有这样一句话：没有卖不出去的产品，只有卖不出去产品的销售人员。那些高明的销售人员总是能为产品找到一个与众不同的卖点将产品推销出去，这一般有两种情况：当卖点与产品有关时，产品的独特功效、质量、价格等就是卖点；当卖点与产品无关时，销售的卖点就是一种感觉、一种信任和服务等。

其实，产品的卖点才是打动消费者的真正原因，而最佳的卖点则是客户最强有力的消费动机。一个好的产品卖点，可以激发客户的强烈兴趣，促使他们对产品的关注，并使其产生好感。

提炼产品卖点，需要销售人员对自己的产品有足够的了解。只有这样，才能提炼出足以吸引消费者的卖点。一般来说，提炼产品卖点的方法有以下几个。

1. 从产品外观方面提炼

有的消费者格外重视产品的外观，因此销售人员就可以多介绍关于产品外观的优点，可以从设计的风格、形状、款式、色调、材质等方面来展开推介。

2. 从产品功能方面提炼

大多数消费者都比较重视产品的实用性，所以产品的功能也可以作为一个重要的卖点，来吸引客户对产品产生兴趣。不过需要注意的是，从产品功能方面提炼的卖点不能是一般同类商品都具备的，而应是该产品区别于其他产品的功能。

一个销售人员这样介绍他所售卖的空调：

"我们的这款空调特别受欢迎，之所以这么受青睐，原因有两点。一是它很安静。目前市面上所售卖的大多数品牌的空调噪声值都在26~32分贝，这高于人类舒适的睡眠环境要求的低于25分贝的听觉感受。相比之下，我们这款空调运行时的噪声值可低至22分贝，这种声音仅相当于人在正常呼吸时的声音大小。二是它非常省电。每小时耗电量不足500瓦，比一台家用冰箱还省电。"

在介绍空调的时候，这个销售人员没有讲空调普遍具有的一般性功能，而是突出强调了这款空调"安静"和"省电"的两大卖点，自然能够轻易引起客户的关注。

3．从产品技术方面提炼

销售人员在介绍产品的技术卖点时，一定要把产品的技术参数和消费者的心理利益点结合起来，这样才能真正打动消费者。而且在讲解的时候，语言要通俗易懂，富有感染力，使消费者产生共鸣。

有一个销售人员这样介绍他销卖的豆浆机：

"我们这款豆浆机有两大卖点：一个是精研磨，一个是重品味。这主要得益于该产品采用了'五谷精度系统'和'文火熬煮技术'这两项先进技术。'五谷精度系统'由五谷精磨器和X形强力旋风刀两部分组成，运用'碰撞研磨'的粉碎原理进行打浆，这在很大程度上增强了粉碎效果，使五谷杂粮中的营养精华充分释放出来。再加上'文火熬煮技术'智能煮浆程序，使五谷豆浆充分乳化，这样做出来的豆浆营养更丰富，口感更香浓，更利于人体吸收。"

在这里，这个销售人员直接将豆浆机的两大卖点——精研磨和重品味介绍给客户，这两大卖点具有很强的吸引力，只要客户对产品产生兴趣，就会去对其做更多的了解。

自从工业化以来，技术就成为商品的一个重要卖点。随着人类进入高科技时代，技术卖点的作用进一步突显出来。

所谓技术卖点，指的是从新产品的技术先进性方面挖掘产品的特色，提炼出差异化的概念。技术卖点与产品的技术附加值相似，但是又有所不同。它们的共同点是二者都强调产品的技术含量；它们的不同之处在于，前者需要宣扬这种技术含量，而后者则蕴藏在产品之中。因此，我们可以得出一个结论：技术附加值越高的产品，越适宜强调产品的技术卖点。

对于一个产品来说，卖点提炼得越多越好。不过销售人员需要注意的是，卖点要简明，且通俗易懂。销售人员首先自己要吃透这些卖点，然后将其转化为大众能够接受的口语化的语言。

情景练习

地点：一家净水器代理专卖店。

背景：一个顾客来到店里，询问价格后，有点儿嫌贵。销售人员小旺解释道："的确，我们的净水器是有点儿贵，但是一分价钱一分货，我们的产品之所以贵，是因为我们在质量上投入的成本很大。"顾客还是有所顾忌："每个商家都会这么说，但是你们的价位完全超出了我们的预算啊！"

问题

如果你是小旺，你会怎么接话来让客户下决心购买？

参考答案

可以对这个顾客说："我非常理解您的为难之处，不过我们的净水器虽然外表看起来普通，但是有很多优点。我给您介绍一下吧。"这很容易激起顾客的好奇心，通常顾客都会问："有什么优点啊？"接下来，就可以告诉他："我们的净水器采用先进的过滤膜分离技术，过滤精度达到了0.01微米。也就是说，我们通过它的净化得到的是极其纯净的水，对我们的人体来说是非常健康的……"

利益引导法：用利益最大化说动买方

> 不要强行推销。不是卖顾客喜欢的东西，而是卖对顾客有益的东西。
>
> ——松下电器创始人　松下幸之助

在销售过程中，销售人员的谈话内容一定要有明确的目的，尤其是进入产品销售阶段，销售人员和客户之间已经有了初步的了解，如果客户还愿意和你继续交谈，那么在一定程度上说明他基本认同你所推销的产品或者服务。这时，你需要做的就是做好产品介绍，拿产品的益处来打动客户。

在介绍产品的益处时，需注意以下两点。

1. 多讲产品的核心价值

客户愿意购买一种商品，是它的使用价值在起作用。一般来说，人们在购买产品时常常会考虑它的功能、外观造型、价格等因素。如果一款产品符合功能强大、性能优良、外形美观、价格合理等条件，那么它的价值就会很高，而产品的价值往往是影响客户购买意愿的重要因素。

产品的价值包括产品的核心价值、附加价值等几个重要的因素。产品除了具有核心价值以外，还有很多可被利用的附加价值，有的客户就是被这些附加的价值吸引而决定购买的。比如，一个外观漂亮的收纳凳，它的核心价值就是用来收纳，附加价值则是当凳子用。

然而，大多数时候，真正能打动客户的还是产品的核心价值。如果产品的核心价值符合客户心中的期望值，那么价格的难题也就不攻自破了。销售人员必须在短时间内让客户感觉到自己所提供的产品或者服务物超所值，这样客户才会有购买的欲望。

2. 强化优势，弱化劣势

在与客户进行沟通的过程中，销售人员要善于扬长避短，突出产品的优势，淡化产品的劣势。

要做到这些，销售员需掌握以下两个技巧。

（1）掌握介绍产品益处的方式。

通常来说，不管销售人员通过何种方式来向客户介绍或者展示产品的好处，都会围绕性价比、省钱、方便、安全、爱、关怀、成就感等方面展开。针对这几个方面，销售人员可以根据不同客户的需要而采取不同的说话策略。比如：

对于看重性价比、讲求实用性的客户，可以这样说："该产品采用最先进的技术，将给您带来巨大的效益。"

对于看重方便、讲求效率的客户，可以对他说："该产品操作方法极其简便，能够为您节约大量的时间。"

对于看重爱和关怀的客户，可以告诉他："买了这款产品，也显示了您对家人的关心和爱护啊！"

对于看重成就感的客户，可以这样对他说："该产品时尚的外观设计，能够彰显您的超凡品位。"

（2）针对客户需求进行有针对性的劝说。

当客户说出自己对购买产品的需求时，销售人员要将自己售卖的产品特征和客户理想中的产品特征做一番对比，明确哪些产品特征是符合客户期望的，哪些是无法满足客户需求的。

销售人员要强化产品的优势。比如，可以这样对客户说："对于您提出的关于产品质量和售后服务的要求，我们都可以满足您，首先，我们这款产品的特点在于……其次，我们公司还为客户提供各种各样的服务项目，比如……"不过，需要注意的是，销售人员的介绍要实事求是，并且在介绍的时候要表现出沉稳、自信和真诚的态度。

事实上，不管销售人员多么努力地向客户说明产品的种种优势，聪明的客户还是会发现，该产品总是有一些不能令自己满意的地方，这是不可避免的。对于这种情况，销售人员可以采用以下两个方法来弱化客户的异议。

一是只提差价。比如，销售人员可以这样说："只要多付800元，您就可以享受到纯粹的夏威夷风情。"大多数产品在进行销售时都可以采用这种方法。

二是进行贴近生活的比较。这要求销售人员对自己的产品有一定程度的理解，并且这种理解符合大多数人的生活习惯。在平时，一些销售人员会对顾客说："您只要每周少抽一包烟，这个产品的钱就省出来了。"这番销售说辞其实运用的就是这种方法。

情景练习

地点：手机大卖场。

背景：在某不知名的品牌手机展柜前，一位老人想要买一部手机。销售人员热情地向他推荐了一部适合老年人用的手机，但是老人说："你们这个牌子的手机我没听说过，我还是去买一个知名品牌的手机吧！"说着，老人就准备离开。

问题

如果你是这款手机的销售人员，你会怎样说来留住这位老年顾客呢？

参考答案

可以对老人说："的确，我们这个产品的牌子不够响亮，但是它的优点是最适合您的。它的待机时间比较长，是专为老年人设计的、具有节电功能的手机，而且它的价格比同类的其他手机要便宜很多，您要不要再重新考虑一下呢？"

权威介绍法：用名人效应塑造权威影响力

> 在销售领域，有98%的知识是理解人的心理和行为，2%的知识是产品知识。
>
> ——著名人寿保险销售员　乔·康多尔夫

权威介绍法是常见的介绍产品的方法，它运用的原理是人们普遍存在的权威心理所产生的效应，也就是权威效应。

在心理学领域，权威效应主要来源于以下两种心理：一个是安全心理，人们通常认为权威人物是楷模，是人们学习的榜样，听从这些人的引导能增强自身的安全感，降低风险系数；另一个是认可心理，人们普遍认为权威人物制定或者遵守的原则符合社会规范，可以取得良好的效果，所以他们常常愿意相信或者听从权威人物的号召。可以说，那些权威人物，尤其是一些名人在很多人的心中有着至高无上的荣誉与地位。

对于销售人员来说，在介绍产品时，可以利用客户对权威人物或者权威资料的信赖，对产品宣传取得良好的效果。

1. 名人效应：以名人为产品代言人

在面对陌生事物的时候，人们出于自我保护的机制，常常倾向于持怀疑或者抗拒的态度，会保持一定的距离。顾客对于一件产品的态度也与此相似。但是如果邀请一位有影响力的名人来做代言人，结果就会大不一样。这是因为，消费者虽然对于产品的牌子很陌生，但是他们认识这个名人，并且从内心认可、仰慕这个名人，进而也就会出现这样的结果：只要是名人推荐的产品，他们就会认为是信得过的产品，并且会毫不犹豫地购买。

某销售人员是一个善于借助名人效应的高手，当顾客对产品犹豫不决，甚至有些怀疑的时候，他就会告诉顾客："我们的产品还是非常不错的，就连×××都在用我们的品牌。"

顾客会问："是著名演员×××吧？"

销售人员就会拿出×××的签名票据给顾客验看，并且自豪地说："对，是的。他是我们的老客户了，他在我们这里购买过好几款产品了，看，这就是他刷卡消费的证明，还有他的亲笔签名，这张单据我们都舍不得扔掉。您想啊，找×××签个名多不容易啊，您说是不是？"

除此之外，销售人员还列举出其他一些有影响力的名人，并且告诉顾客："这些名人正是因为认可我们的产品，所以才会使用我们的产品。我相信您的判断力不会比那些名人差，希望您也能够成为我们的客户……"

这样一说，客户购买产品就是必然的了。

2. 用数字说话：以权威数据来助势

一般来说，权威部门发布的数据往往有着无可辩驳的说服力，将其作为产品或者品牌的佐证，同样可以获得客户的认可。销售人员在介绍产品时，如果能够准确地将一些权威的数据介绍给客户，则不仅能展示自己的专业水平，而且能凸显产品的良好信誉，从而增加客户对产品的认可度，激发客户对产品的兴趣和信赖感。

不过，怎么才能恰当运用数据，使其在销售说服中发挥最大的效力？这需要销售人员注意以下几点。

（1）引用的数据要真实有效。

如果销售人员引用的数据本身可信度较低，如数据不真实、无中生有等，就会削弱客户对产品的信心，甚至客户对公司的信誉、销售人员的人品都会产生质疑，这将带来不可估量的损失。

（2）不要单纯罗列数据。

如果销售人员只是进行数据的罗列，而没有一个具有逻辑性的串联的说辞，那么客户就会摸不着头脑，根本无法找到产品的重点，甚至会认为销售人员在故弄玄虚，很可能会对销售人员产生厌烦情绪。

（3）及时更新数据。

销售人员要知道，很多数据会随着市场的变化而变化，如产品的生产日期和需求量等。所以，销售人员要及时掌握产品数据的变化情况，力求为客户提供最新的数据信息。

情景练习

地点：一位老客户家里。

背景：理查德是一位食品销售人员，为了推销公司的新食品，他特意登门拜访自己的一位老客户。

问题

如果你是理查德，你会怎么向那位老客户推销自己公司的新食品？

参考答案

先与客户热情寒暄，然后兴奋地告诉他："我今天给你带来一个好消息，一个让你一笔就可以赚2万英镑的生意，有没有兴趣啊？"客户肯定会回答"有兴趣"，这时就可以告诉他："那真是太好了！最近我对整个食品市场做了一个精准的市场调研，发现在年底之前腌肉、罐头食品的价格至少会上调20%，这还只是保守估计，可能还会上调更多。按照贵公司的销量，今年此类商品贵公司的出售量相当可观，能达到……"

勾画梦想法：让客户为日后的"好处"买单

> 不论你卖什么，要让它清晰地传达给你的潜在顾客，买了它比不买它要来得好。
>
> ——寿险销售大王 乔·甘道夫

销售人员在向客户介绍产品时，如果能够通过自己的语言技巧，让客户在事实的基础上，充分发挥自己的想象力，沉浸在拥有产品后的美好感觉之中，那么客户就很容易对该产品产生认同感。这就是一种非常高明的产品介绍法——勾画梦想法。

人的想象力是无穷的，对于同一种事物，不同的人具有不同的看法。同理，对于同一种产品，不同的客户具有不同的观点。销售人员要做的就是用自己专业的语言为客户的想象力设定一个固定的空间、固定的路径，让其朝着自己设定的方向发展，从而实现销售的目的。

其实，最理想的情况就是，客户能够亲身体验一下销售人员所介绍的产品，这样能让客户有一个比较深刻的印象，对产品的理解也会更加透彻，但是，大多数时候，由于受种种条件的限制，客户不可能对每一件产品都能做到亲身体验。这时候，就需要销售人员运用高超的口才，为客户勾勒出其拥有产品后的美好画面，这种美好的氛围和意境给了客户一种全方位的身临其境的感受，从而影响客户尽快做出购买的决定。

下面我们比较一下两种不同销售话语的技巧。

话语一：

"这款空调节能、省电、自动水洗、快速冷暖……这么热的天，如果没有空调，实在让人受不了。"

话语二：

"今年夏天真的是太热了，每天太阳就像着了火一般炙热地烤着大地，傍晚下了班，我们匆匆忙忙赶回家。当您打开家门时，一股炽热的气息扑面而来，整个房间就像一个巨大的蒸笼，又闷又热，让人一分钟都待不下去。您的衣服很快被汗水浸湿，黏糊糊的，粘在身上，非常难受。就算您立刻去冲凉，不一会儿，又是一身汗。风扇即使调到最高转速，吹出来的风也是热风。如果您买了空调，情况就会好太多了。您想象一下，下班之后您赶回家中，打开空调，不过片刻工夫，整个房间就会变得凉飕飕的，趁这会儿功夫，您去冲个澡，换上一身家居服，往床上一躺，那该是一种多么美好的享受啊……"

相信没有人会对下面这位销售人员的话无动于衷，对于被酷暑包围着的客户恨不得立刻将空调买回家装上，体验一下销售人员所描绘的那种美妙感受。

有时候，销售人员费尽口舌，客户却无动于衷，主要原因就是销售人员没有激发客户的想象力，没有让他们想象出拥有这件产品之后的好处。所以，销售人员在推销商品的时候，不要急于介绍商品本身，而是可以尝试激发客户的想象力，让他们憧憬拥有这件产品后会出现的美好画面，同时让他们感受到不能拥有这件产品自己会蒙受多大的损失。

那么，如何才能做到呢？

1. 让客户亲身体验

有人说，要想卖给客户鞋子，就要让他试穿一下。这就是说，亲身体验更有说服力。如果销售人员能够对自己的产品有一个亲身体验的过程，那么在向客户描述的时候，才能让产品介绍讲得出神入化，惟妙惟肖。也只有这样，才能让产品介绍更有说服力，从而更快地引导客户进入想象的轨道，给客户无限的憧憬。

2. 组织有序的语言，使用极有感染力的声调

销售人员在与客户沟通的过程中，他的声音、语速、节奏等都透露着自己的真情实感，都可能影响到客户。所以，销售人员在与客户沟通之前，首先要酝酿好自己的情绪，尽量压低声音，放慢语速，充满自信地向客户介绍自己的产品，并引发客户想象自己拥有

这件产品之后的美好画面。这样，就很容易让客户沉浸在自己的想象之中，并产生拥有这件产品的购买冲动。

情景练习

地点：某大型商城。

背景：傅先生正在体验一款跑步机。旁边的销售人员走过来，热情地说："先生，感觉怎么样？"傅先生回答："我只是体验一下，并没有要买的打算。"

问题

如果你是这个跑步机的销售人员，你会怎么说服傅先生购买呢？

参考答案

可以热情地说："先生，您经常锻炼身体吗？请您想象一下这种情形：早上起床后，您先穿上一身休闲装，然后打开窗户，深吸一口清新的空气。经过一夜酣睡，您的体力一定非常充沛。这时，明媚的阳光透过窗户照在您的身上，让人感觉十分轻松和惬意。这时，您踏上跑步机，开始慢慢地跑动起来。随着速度逐渐加快，您感觉身心愉悦，简直有一种飞翔的感觉……时间不知不觉地过去了，当您感觉有些出汗的时候，它会提示您时间到了，然后您开始洗浴，梳洗完毕，穿上熨烫平整的衣服，神清气爽、信心百倍地走出家门，开始了一天的生活……"

自揭其短法：用真诚换来客户的信任

> 诚实的代价最低、风险最小，所以诚实最划算。
>
> ——希望集团总裁　陈育新

法国作家罗时夫科尔德说过这样一句话："主动承认自己的小缺点，是为了让他人相信我们没有大缺点。"事实上，自曝其短，从某个角度来讲，对自身是一种优势。

很多商业广告运用的都是这种策略：

世界著名汽车租赁公司安飞士公司的广告语是："安飞士，我们现在排第二，但我们在努力。"

李施德林漱口水的广告语为："这种味道让你一天恨三次。"

巴黎欧莱雅的广告语为："我们不便宜，但你值得拥有。"

他们这些自揭其短的做法，反而赢得了更多消费者的青睐。

对于销售人员来说，也可以利用这样的策略：大大方方地承认自己产品的不完美，让客户自己去选择购买与否。有的销售人员为了卖掉产品，故意夸大其词，将产品夸成一朵花，或者故意隐瞒不说，一旦被客户发觉，不仅会导致自己的信誉丧失，而且产品的品牌、企业的形象等也会遭受很大的损失，可谓得不偿失。

很多销售人员担心客户会因为产品的缺点而放弃购买，其实这种担心完全是多余的。只要产品的功能满足了客户内心的需求，对他产生了足够的诱惑力，即使有一些小小的缺点，客户也不会在意。

有一家房地产公司的楼盘业务一直处于萎靡不振的状况，原因是楼盘周围有几家工厂，被邀请前来看房的客户来了之后只是走马观花地看看就放弃了，因为楼盘销售人员没有事先说明楼盘周围的具体情况，他们觉得自己受到了欺骗。

公司上上下下为此焦头烂额，最后邀请来了著名的地产策划师来帮忙解决这个问题。地产策划师在对楼盘考察之后，建议楼盘销售人员直接告诉客户楼盘的真实情况，甚至刻意夸大了说。

后来，楼盘销售人员就对前来看房的客户说："我们楼盘四周有几家工厂，只要开工，肯定会吵到大家，所以我们楼盘的价格自然比其他的便宜很多。我们特意说明这一点，希望大家心里有数。"

当听到这些话的时候，虽然有很多客户选择放弃购买，但还是有一些客户感到好奇。在亲眼看到楼盘的实际情况的时候，他们发现情况并不像销售人员说的那么糟糕。

很快，这个楼盘被销售一空。

可见，说出产品的不足很重要。

有一家知名企业的内刊中有这样一句话："优秀的销售代表必须为产品说实话，他必须承认，产品既有优点也有不足的地方。"要想赢得客户的信任，销售人员就要敢于承认产品的不足。

当然，要说出产品的不足并不是简简单单地将产品的所有不足之处都罗列在客户面前。销售人员固然要对客户保持诚信，勇敢地正视产品的不足，但是也要讲求一定的说话技巧。这是因为，现实中往往会出现两种情况：一种是销售人员即使将所有产品的真实信息都坦诚说明，客户依然认为销售人员的话含有一定的水分；另一种情况是，销售人员极为冒失地将产品的某些缺陷告诉客户，结果客户因为接受不了这些缺陷而转身就走。如果销售人员能够掌握一定的说话技巧，那么，不仅能够让客户对自己及产品产生信赖，还可以有效说服客户，使其做出更加积极的反应。

1. 主动说出一些小瑕疵

这个世界上从来没有完美无瑕的产品，客户尤其深信这一点。若销售人员能够主动说出产品的一些微不足道的不足，就会增加客户对自己及产品的信赖感。

2. 实话巧说

销售人员在告诉客户真相的时候，并不是在任何情况下，对任何事情都和盘托出。这要根据实际情况区别对待。比如，涉及商业机密的内容，销售人员是不能如实说出的；有些内容虽然可以说，但是也不能一股脑儿地说出来，而要有选择地说。

因此，对于这些不能说或者不好说出的问题，销售人员一定要格外注意，不能为了博得客户的一时高兴就信口开河。

情景练习

地点：电器商城。

背景：一个客户想要购买一台冰箱。在某品牌冰箱专卖店里，他看上了一款冰箱，但是有点儿犹豫，因为他听说这个品牌的冰箱制冷速度有点儿慢。

问题

如果你是这家品牌冰箱专卖店的销售人员，你会怎么对此做出解释，并说服客户购买呢？

参考答案

可以对客户说："是的，您的考虑是对的，我们的冰箱的确存在这样的问题，不过正因为它的制冷速度慢，所以耗电量比其他冰箱低得多。而且我们的冰箱有一个很大的优势，就是冷藏室很大，能贮藏很多东西，比其他冰箱更实用、更方便。"

第四章
有效提问：牵住客户思路的超级询问技巧

如果销售人员不问，客户往往不会多说。只有进行有效的提问，销售人员才能挖掘客户的需求和愿望。

引导式提问，找出客户的购买需求

销售专业中最重要的字就是"问"。

——管理学大师　博恩·崔西

营销学之父菲利普·科特勒曾说："营销是发现需求、满足需求的过程。"可以说，决定销售成败的关键就是客户的需求。这是因为，如果客户有购买某件商品的需求，那么销售人员不需耗费多少时间和精力，就可以促成交易；相反，如果客户没有这方面的需求，即使销售人员费了九牛二虎之力也很难成功。

很多人认为客户并不知道自己需要什么，其实，这并不是事实。在绝大多数情况下，客户都知道自己的需求，并且只肯为自己的需求买单。只有在极少情况下，客户才不知道如何改善自己的生活状况或者解决什么问题。在这种情况下，他们总是会采取拒绝一切的态度，只有在有专家或者专业人员在场的情况下才会谨慎地做出选择。

一般来说，探询客户的需求可以运用下面的两步走法。

1. 探询客户是否有需求

销售人员在询问客户的需求情况时，需要明确两个问题：一个是客户是否真的有这方面的需求，另一个是客户的需求量是多少。当然，询问客户时，询问得越全面、越深入，就越有利于发掘客户的需求，这样不仅能找到那些真正有需求的目标客户，还能发掘那些没有明显购买欲望，但是的确有需求的潜在客户。

2. 探询客户的特殊需求

如果销售人员发现客户对自己的产品或者服务比较感兴趣时，就要抓住机会，借机询问客户对产品具体有哪些期望，这样才能知道怎么满足他的真正需要。在这个过程中，如果销售人员发现客户的某些需求不能得到满足，那就可以采取其他方式来解决，如向客户推荐同类产品，或者说服客户降低或者放弃那个特殊的需求。

不过，在询问客户的需求的过程中，销售人员需要注意以下几个问题。

（1）不要问顾客准备花多少钱。

相信每个人都有这样的经历：走进一家商店，由于喜欢某件商品，最后花了比原计划更多的钱。所以，销售人员的任务就是创造客户的需求，卖给他真正想要的东西，而不是依据他的消费水平来向他推荐商品。

比如，如果客户只想花500元买一件东西，但是销售人员给他展示了一件价值1000元的东西，他可能会说，他能接受的最高价格是750元，这样就能多创造50%的销售额。

（2）谨慎选择销售用语。

在销售时，不一样的销售用语会产生不同的效果。比如，说
"你想要买一套沙发，找了多长时间"就不如说"你们逛了多长时
间看沙发"；说"你什么时候考虑买它"不如说"你想什么时候用
上新沙发"；等等。

销售知识速递

销售人员想要了解客户对产品的需求状况，需要对客户的基本
情况进行询问，这样才能判断出客户对产品的认知情况。

一般来说，销售人员需要了解客户以下几个方面的情况。

1. 家庭状况

家庭状况是客户的最基本的信息，也是销售人员必须要了解的信
息。销售人员在获取这方面的信息时，可以直接通过询问客户获得，
也可以通过公开的信息渠道获得，如上网查询、向熟人打听等。

2. 事业情况

客户当时的工作状态以及对于未来事业的规划等都会和客户的
潜在需求有关，所以销售人员要了解客户目前的职业状况、薪资情
况、就职公司与职位、就业时长、工作业绩与能力，以及与同事、
领导的关系等，以此判断自己的产品是否符合客户的潜在需求。

3. 休闲娱乐

客户的需求与其平时的休闲娱乐也有很大的关系，这可以从客
户的日常消遣、兴趣爱好、近期的假期安排等看出。销售人员要善

于从这方面来发现客户的需求。

需要注意的是，销售人员在了解客户的上述基本情况时，要注意对客户隐私的保护，做到恰当适宜，这样才能既了解客户的需求，又不至于引起客户的反感。

情景练习

地点：某商城水晶专柜。

背景：一个顾客走到专柜前，想要买一款水晶，但是一直没有找到。于是，他让销售员帮忙找找，销售员心里很清楚，那款水晶已经断货，并且无法特殊定制。

问题

如果你是那个水晶专柜的销售人员，你会怎么应对这种状况？

参考答案

首先可以对顾客说："看来您曾经看到过它。您为什么喜欢那款水晶呢？"顾客一定会说出自己喜欢那款水晶的理由。这时，就可以接过顾客的话说："是的，那款水晶设计得非常棒！不过，不幸的是，我们的采购人员已经决定不再进那个系列的货了。不过您可能会高兴，他们用另一个同样具有现代感的系列替代了它们。也许不如原来的好，但它是目前我们这里的爆款，也快卖断货了。我可以拿给您看看吗？"

因势利导，挖掘客户需求背后的需求

> 营销的宗旨是发现并满足需求。
>
> ——世界营销大师　菲利普·科特勒

按照消费需求冰山理论的观点，在消费者露出水面的显性需求之下，尚有极大的隐性需求亟待开发。对于销售人员来说，虽然不同的消费者具有不同的购买能力，但是还是应该在掌握他们的显性需求之后，挖掘出他们的隐性需求，从而最大限度地挖掘出他们的消费潜力，尽最大努力提高每一笔交易的销售额度。

相关统计数字表明，每一个消费者都具有一定的消费潜力，而且正常的消费潜力可以被开发到50%以上。比如，客户计划购买4000元的商品，如果他的消费潜力被完全激发，那么他最后很可能会消费6000元来买自己中意的产品。

因此，销售人员只要能主动把握住机会，以积极的心态激发出客户购买的欲望，就可以开发出他另外50%的消费潜力。

那么，如何挖掘出客户的消费潜力呢？最关键的一点就是销售人员要学会因势利导，挖掘那些连客户自己都没有意识到的需求，激发他们的购买欲。首先要做的就是通过积极询问了解客户"最初"的需求，如想要购买商品的用途、功能、款式等，然后一点点挖掘，了解客户的购买动机，最后根据客户的需求，对他所要求的用途、功能、款式等进行组合设计，呈现出能够满足他需求的产品的立体形象，因势利导，让客户在原有消费基础上购买更多的产品。

其实，能不能挖掘出客户的潜在需求，甚至在多大程度上挖掘客户的潜在需求，完全取决于销售人员的销售技巧。下面这个经典的销售案例，就是一个很好的证明。

有一个老太太到水果市场买水果，她遇到了四个不同的商贩，做出了截然不同的四个购买决定。以下分别是他们的对话。

情景一：

老太太："这些苹果看起来挺不错，就是不知道味道怎么样啊？"

商贩一："老人家您真有眼光，我的苹果又大又甜，特别好吃，价格也很公道，您买几斤吧！"

老太太摇摇头走开了。

情景二：

老太太："你这儿的苹果是什么口味的？"

商贩二："老人家，我的苹果是今天早上才到的货，非常新鲜，不信您尝尝看，非常甜。"

老太太有些犹豫，最后没有尝苹果，而是默默地走开了。

情景三：

商贩三："老人家，您想买什么口味的苹果？我这里种类很齐全。"

老太太："我想买酸一点的苹果。"

商贩三："喏，您看，这种苹果就比较酸，请问您要买多少斤？"

老太太："那就来一斤吧！"

情景四：

老太太："你这儿的苹果怎么样啊？"

商贩四："我这儿的苹果都很不错。老人家，您想要哪种口味的苹果呢？"

老太太："我想要酸一点的苹果。"

商贩四："人们买苹果大都喜欢买又大又甜的，您为什么要买酸的苹果呢？"

老太太："我儿媳妇怀孕了，想吃酸的苹果。"

商贩四："老人家，您对儿媳妇真是体贴啊，将来您的儿媳妇一定会孝顺您。您想要多少呢？"

老太太（被商贩说得心情舒畅）："我来两斤吧！"

商贩四："其实，橘子也适合孕妇吃，酸甜可口，含有多种维生素，非常有营养。您要是再给儿媳妇来点儿橘子，她一定会非常开心！"

老太太："是吗？那再来三斤橘子吧！"

在上面的销售案例中，商贩一的推销注定要失败，因为他只讲产品卖点而不探求客户对产品的需求，最后都无法完成交易。

商贩二推销失败的原因和商贩一相似，他同样没有抓住客户的消费需求。不过，与商贩一相比，他已经掌握了客户的消费心理特点，并给出了自己的建议——试尝，但还是无法打动客户。

相比前两个商贩，商贩三有了更大的进步，他主动询问客户的具体需求，并根据客户的具体需求向其推荐了合适的产品，达成了交易。美中不足的是，他虽然把握了客户的需求，但是并没有挖掘出客户需求背后的购买动机，错失良机，无法将单值扩大。

商贩四的推销无疑是成功的，他不仅卖给客户两斤苹果，还让她高高兴兴地买下了三斤橘子。他先是主动探求客户的需求，接着挖掘出客户更深的需求，并通过适当恭维客户，拉近了与客户之间的心理距离。并说出橘子"营养丰富、适合孕妇吃"的好处，让客户心甘情愿地再次掏腰包。

情景练习

地点：某理发店。

背景：理发师热情地和一位女顾客寒暄后得知，她来此的目的是烫发。在烫发的过程中，理发师通过与女顾客闲聊，了解到她刚从桂林旅游回来，而且是在爱人的陪同下去的。

问题

如果你是这位理发师，你会怎么措辞让该顾客继续消费呢？

参考答案

可以对她说："您可真幸福！对了，那边的紫外线比较强，您感觉头发是不是有点儿受损，比如出现干涩、不顺滑的现象？"这时顾客常常会给出肯定的回答。然后就可以接过顾客的话说："经常在户外，头发很容易受到紫外线的伤害，如果我们不及时护理，以后将很难打理。"顾客通常会询问如何护理，这时我们就可以对她说："您真幸运，我们店才引进了一批进口的头发护理产品，是纯植物成分，对头发没有伤害，还能滋养发根。"

探询细节，找准客户的"病根"

> 营销只有围绕消费者的注意力转，才能获得市场。
>
> ——小天鹅集团销售公司经理　徐源

美国有一位家具销售人员马基亚维里，销售业绩极佳。当人们问起他销售成功的心得的时候，他这样说道："我最主要的秘诀就是通过具体细致的发问，尽量让客户多说，自己在倾听的同时用问题来引导，最终发现客户的需求，从而获得订单。"

对于销售人员来说，在销售过程中，询问得越细，客户回答得就越多；客户回答得越多，销售人员就可以获得更多关于客户的信息，从而一步步化被动为主动，成功地发掘对方的需求，进而满足他的购买需求。

英帝拉是英国一家4S店的销售人员。某天，店里来了一位客户，英帝拉赶紧上前接待，经过短暂的寒暄之后，他们展开了如下的对话：

英帝拉："先生，您对哪一款型的车比较感兴趣？"

客户："我也不太清楚想要哪个款型的。"

英帝拉："那是您自己开还是——"

客户："我女儿马上就20岁了，我想买一辆车作为生日礼物送给她！"

英帝拉："您的女儿收到您精心挑选的礼物一定会非常开心。那么，您对送给女儿的车有什么具体要求吗？"

客户："有三个要求。安全是第一位的，安全系数一定要很高，这是第一个要求；第二个要求是舒适，年轻人总是喜欢开车到处去玩，所以必需舒适；第三个要求是外观一定要漂亮，毕竟是女孩子来开嘛，外观不好看的话，她肯定不喜欢。"

英帝拉："真是伟大的父爱！除此之外，您对动力方面有什么要求吗？"

客户："没什么要求。"

英帝拉："这样的话，我们店里有三款车比较符合您的需求，我带您参观一下？"

客户："嗯，好。"

在这个案例中，客户的需求比较模糊，销售人员通过不断提问，询问他对于车型的细节需求，最终将客户的需求从一个大框架缩小到几个具体的点，更利于实现成交。

对于具体的销售场景，销售人员通常应从以下几个方面询问。

1. 询问客户对品牌的喜好

品牌往往是客户选购商品的一个重点考虑因素。大多数客户在购买商品时都会有自己特殊的品牌偏好，对于功能、性能、品质相差无几的商品，客户对于品牌的这种偏好就决定了他们会选购何种商品。

2. 询问客户喜欢的款式、类型

客户在购买商品时，很容易被各种各样的款式、类型迷惑，尤其是对于那些款式类似的产品，客户很难分辨。这时，他们就需要专业销售人员的指导、帮助。销售人员在向顾客推荐产品之前，首先要询问客户对于该产品款式、类型的喜好，然后再根据不同款式之间的差别来为其推荐合适的商品，而且推荐给客户的产品要少而精。

比如，卖冰激凌的销售人员可以这样对顾客说："您好，请问您喜欢什么口味的冰激凌？是草莓味、香芋味还是巧克力味的？其中，巧克力味的偏甜，而草莓味的则比较清淡一些。"

再如，售卖男装的销售人员可以对前来挑选衣服的男士说："先生，我们这里的衣服种类和款式有很多，您是喜欢正式一点的，还是喜欢休闲一点的？"

3. 询问客户的购买预算

一般来说，客户对于自己计划购买的任何一种商品都有一个心理价格区间。如果超出了这个预算范围，那么客户很可能会放弃购买；如果低于这个心理价格区间，那么客户可能会怀疑商品的品质。因此，销售人员只有弄清楚客户的购买预算，才能掌握他的消费水平，从而为他推荐适合他的商品。

那么，如何才能弄清楚客户的购买预算呢？销售人员可以从以下三个方面着手：一是从客户的穿着打扮来推测他对于商品价格的承受范围，二是通过询问客户想要购买的商品的品牌、型号、规格等来大致推测出客户的购买预算，三是直接询问客户的心理价位是多少。

情景练习

地点：家用电器专营店。

背景：有一对老夫妇想要买一台微波炉，销售人员姜华把他们带到微波炉展示台前，为他们介绍了多种不同型号的微波炉。但是，每次听完，他们都会摇头。问明原因后，姜华才知道，那对老夫妇不久前在打扫卫生时，不小心将家里的一台老式微波炉摔坏了，他们想要买一台一模一样的，因为别的型号的微波炉，他们不会操作使用。

问题

如果你是姜华，你会怎么说服那对老夫妇买一台其他型号的微波炉？

参考答案

可以对他们说："老人家，现在的家电更新换代速度很快，您说的那个型号的微波炉是几年前的，说不定早就不生产了。我给你们推荐另外一款微波炉吧，它也是几年前生产的，功能简单，容易操作，而且它的设计和安装都比较正规，你们若用这款微波炉，恐怕是最合适的了。"同时，还要将操作和使用方法对老人进行详细的讲解。

积极的提问，增加客户对产品的认同感

> 用提问的方法不仅可以得到你很想知道的东西，还可以满足客户倾吐心声的愿望，利于推销成功。我认为，推销中最具力度的词是"为什么"。
>
> ——美国人寿保险创始人、销售大师　弗兰克·贝特格

在与客户沟通的过程中，销售人员最好多提一些内容积极向上的问题，以增强客户的信心，并促使他们做出购买的决定。这种积极的提问，可以主动引导客户，让他们不断做出肯定的回答，并最终做出购买的决定。比如：

"您是想自己购买，还是想作为礼物送人呢？"

"您喜欢这三种颜色中的哪一种呢？"

"我想您也愿意用质量更好的那种吧？"

"先生，您感受一下这种质地，是不是很棒啊？"

与此相反的是，销售人员在与客户交谈的过程中，应避免使用以下提问的方式：

"您看怎么办？"
"您是不是盖个章或者签一下字？"
"您要不要再考虑一下？"

对客户进行积极的提问是摸透客户心思的一个常用的方法，但是怎么问才能让客户愿意回答，并且说出真心话，这就是一个有关说话技巧的问题了。一般来说，销售人员可以运用以下几种提问方式。

1. 主动式提问

这种提问方式就是销售人员通过自己的判断将想要表达的意思直接通过提问的方式来询问顾客。通常来说，顾客都会给这些问题一个明确的答复。

比如，在一次顾客购买牙膏的过程中，销售人员小张与顾客可以这样展开对话：

小张："现在的牙膏不仅要能固齿护龈，还要有一定的美白功能才行，是吧？"
客户："是的。"
小张："那么有这样双重功效的牙膏您愿意使用吗？"

客户："愿意。"

小张："这种含有淡淡草药气味的牙膏，您喜欢吗？"

通过这样的提问，销售人员就能摸清客户的喜好，如果客户说不喜欢，那么问题的症结就找到了。

2. 指向性提问

这种提问方式通常是以"谁""什么""什么地方""为什么"等词作为疑问词，主要用于了解客户的一些基本事实和情况，为说服客户购买找到突破口。

不过，销售人员需要注意的是，这种提问不适合用来了解个人情况和较深层次的信息，而且在提问的时候要表现出对客户的关心，语气不可过于生硬。

3. 评价性提问

这种方式的提问主要用来了解客户对于某一问题的看法，这种问题通常没有固定的答案。比如：

"您觉得这款轿车怎么样？"

"您想要买什么款式的衣服？喜欢什么颜色？"

"您觉得租和买，哪个更划算一些？"

4. 反射性提问

　　这种提问方式也被称为重复性提问，也就是通过问话的方式来重复客户的语言或者观点。这种提问有四个方面的好处。

　　（1）检验作用。

　　通过这种反射性提问，销售人员可以检验自己对客户的观点是否做到了真正的理解。如果销售人员理解有误的话，客户就会当场指出。

　　（2）鼓励作用。

　　反射性提问有助于鼓励客户继续有逻辑地表达自己的观点。

　　（3）免责作用。

　　重复客户的语言或者观点，可以使销售人员对客户的言谈做出适当的反应，并避免了直接向对方表示肯定或者否定的态度。

　　（4）弱化对方情绪作用。

　　这种提问方式有助于减弱客户的气愤、厌烦等情绪化行为。如果销售人员以提问的形式重复客户的抱怨，就可以让客户感到自己的意见已经受到了重视，他们的抵触情绪就会大大减弱。

5. 建议式提问

销售人员应该主动向客户说明购买相关产品可以获得哪些利益，并适当给出一些好的建议，这样可以激起客户的购买欲。

"虽然这两款产品看起来差不多，但是，A产品的品质要更好。如果我是您，我一定选A产品，您是不是也是这样想的？"

"这种产品的设计水准和质量都是国内一流的，只不过外观上不如国外××企业的好，正是由于这点不足，我们的产品的价格比国外那家产品便宜了将近1/3。综合起来看，还是我们的产品性价比更高，您说是吗？"

销售知识速递

很多销售人员习惯把弄清顾客购买商品的动机或者原因作为询问的唯一目的，事实上，探询还有两个同等重要的目的。

1. 理解

移情思考有助于理解顾客的想法、需求和愿望，甚至能理解对方的希望、梦想和渴望。销售人员需要做的就是发展提出好的、有效的问题的能力。当销售人员发现顾客对某件特殊的事物感觉非常兴奋时，他就要学会利用这种情绪，将其转化为销售，或者增加销售。

2. 信任

让客户建立对你的信任感是一项精致的技能，需要你在实际销售中不断练习。销售人员要牢记：信任不是通过快速宣讲产品或者拷问顾客来实现的，而是通过提问时自己关切的语调和回答顾客提问时热情的支持建立起来的。如果销售人员能够让顾客信任自己，那么，他就会珍视你的建议，购买你所推荐的产品的机会就会很大，甚至购物金额远远超出预算。

情景练习

地点：某饰品店。

背景：一对情侣来到店里买钻戒，但是他们挑了半天，也没有挑选到比较中意的款式，于是准备离开去别家看看。

问题

如果你是这家饰品店的销售人员，你怎样挽留他们呢？

参考答案

可以对他们说："你们要不要看看我们的项链？我们这里的项链款式很多，也都很时尚，其中有三款是今年的流行款式哦！"

第五章
学会倾听：听懂客户诉求，才能掌握话语主动权

　　一味滔滔不绝的销售员并不一定是好的销售员，其实，80％的成交靠倾听完成。倾听客户的言外之意，倾听客户内心真实的声音，才能满足他们的购买欲，让他们开心购买。

80%的成交靠耳朵完成

对销售而言，善听比善辩更重要。

——日本销售大王　原一平

　　一说到销售，大家眼前都会浮现出一个伶牙俐齿、夸夸其谈的销售人员形象。的确，在日常销售工作中，有一些销售人员为了最终交易成功，总是对客户滔滔不绝地介绍产品，唯恐客户没听明白，甚至在客户想要发表自己的看法时都没有插话的机会。殊不知，有时候顾客对你说"不"，恰恰是因为你说得太多了。

　　对于倾听，美国心理学家斯坦纳提出了一个著名的定理——斯坦纳定理。其内容是：在哪里说得愈少，在哪里就听得愈多。只有虚心、耐心地听取别人的观点，才能更好地说出自己的观点。

　　对于销售人员来说，在与客户沟通的过程中，说得愈少，才能听得愈多，才能表达出对客户的尊重，而客户也会因此对他产生好感，从而说出自己对产品的真实看法，这有助于销售人员有针对性地引导客户购买商品。

相反，如果销售人员为了推销自己的产品一味地口若悬河，那么他就很容易犯一个致命性的错误，即没有听客户在说什么。比如，当客户聊产品的款式的时候，销售人员却在说产品颜色的问题；当客户就产品的功能发表看法的时候，销售人员却在说价格的问题……他们之间根本没有有效的互动，说话不在一个频道上，常常出现答非所问的现象，这样的话，怎么会有成交的机会呢？

因此，对于销售人员来说，不仅要会说，还要会倾听，只有听懂客户的需求，才能在为客户推销商品的时候做到有的放矢，从而大大提高成交率。

说到听，相信大多数销售人员都会说："这太简单了！"单纯的倾听确实很简单，但是要听好、听懂客户的言外之意却不是一件容易的事情。

倾听也是一门艺术，销售人员要想真正掌握这门艺术，需要做到以下几点。

1．耐心地听

在销售过程中，耐心倾听客户说话非常重要，因为从客户的言语中，我们不仅能听出客户的需求，还能听出客户是否对产品有兴趣。

然而，在实际销售过程中，销售人员经常遇到话痨型客户，尽管销售人员急于向他推介商品，客户却东拉西扯，说一些与销售无关的话题，或者就一款产品的功能不停发问，问了数十个问题不止。这时候，销售人员能做的就是倾听，耐心地回答问题，然后逐渐掌握话语主动权。在此过程中，销售人员不能表现出一丝的不耐烦，因为这种厌烦情绪很容易表现在自己的言行举止上，进而被客户发觉，引起客户不悦。

2．会心地听

在销售过程中，销售人员认真倾听、积极回应并反馈，是对客户的尊重。这需要销售人员配合肢体语言进行回应。

（1）进行眼神交流。

当客户与销售人员交流时，销售人员为了表示尊重，一定要与他进行眼神的交流，而不是眼睛看着别处，任凭客户一个人在那儿滔滔不绝地说，否则就会造成客户的尴尬。

（2）运用肢体语言回应。

销售人员可以通过微表情来表示自己一直在专心听客户说话，比如，偶尔皱一下眉，代表自己在认真思考客户的话；偶尔点一下头，表明很认同客户的观点；等等。

（3）通过简短的语言回应。

销售人员可以偶尔说一些"嗯""哦""对""是的""好的"等简短的话，来回应客户，让客户知道你在专心地听他说话。

3．有提问地听

在倾听客户说话的过程中，销售人员要找准合适的机会适时发问。提问需要掌握以下几个要点。

（1）选准提问的时机。

不要在客户讲得最兴奋的时候提问，而应该在客户语速相对缓和的阶段提问。

（2）提问的方式要正确。

提出的问题可以是询问客户话语中的意思，如"您刚才的意思是不是……""不好意思，我好像没听明白，您可以再解释一遍吗？"等，也可以是有意为之，如"您是说您喜欢那款蓝色外壳的手机吗？""您的意思是需要一款5000元以内的手机？"等。

这样的提问方式可以实现三个目的：一是通过提问的方式来与客户展开互动，让客户知道你对他很在意，一直在倾听他说话；二是如果没有理解客户的话，就可以通过提问来弄懂客户真正的意思；三是通过提问来缩小客户需求的范围，这可以帮助销售人员锁定客户最终的需求点。

💡 小贴士

　　销售人员在倾听客户说话的时候，不要随意打断对方，因为随意打断对方是一种很不礼貌的做法。即使销售人员认为客户的观点或者看法不正确，也不要立刻反驳，不要试图在客户面前证明自己是正确的，因为这样做只会让客户感到尴尬，甚至不开心，不利于交易的达成。

地点：某大型商城。

背景：一个客户来到卖按摩仪的地方，看到客户并没有表现出十分拒绝的意思，销售人员小余就给客户详细介绍一款按摩仪的功能和好处，可是尽管他费尽口舌，客户还是表现得十分犹豫。最后，客户明确表示，自己并不需要这款产品。

问题

如果你是小余，你会怎么说来留住这个客户呢？

参考答案

小余："您看您听我介绍了半天，应该也是想要购买的吧？那么，您是对这款按摩仪的性能不满意，还是对价格不满意，抑或是其他原因呢？"

学会有效倾听，摸清对方的底牌增加成交率

> 在生意场上，做一名好听众远比自己夸夸其谈有用得多。如果你对客户的话感兴趣，并且有急切地想听下去的愿望，那么订单通常会不请自到。
>
> ——全球知名成功学大师 戴尔·卡耐基

许多销售人员之所以成功，有一个重要的诀窍就是鼓励客户多说，同时管住自己的嘴——自己少说。

精神分析学的创始人弗洛伊德说："如果你能使对方谈得足够多，那么他简直无法掩饰其真实的情感或真正的动机。如果你十分仔细地听，并对对方说的一切话中所隐含的意思保持警觉的话，那么你就能掌握对方的秘密。"对销售人员来说，听得越多，就越能从客户的话语中听出他无法掩饰的内心真实的情感和真正的购物动机。也就是说，只要摸清他的底牌，就可以提高成交的概率。

克莱·哈姆林，美国保险业著名销售大师。在推销他的保险时，经常使用一种推销方法——事先摸底法。这种方法的核心要点

就是，将大部分的时间用于倾听对方说话，自己要做的主要事情就是在倾听中适时提问。通过使用这种推销方法，克莱·哈姆林一直保持着傲人的销售业绩。

一些销售人员说："多倾听？这还不简单？我们也会。"事实上，即使同样采用倾听的方法，不同销售人员的业绩也不尽相同。究其原因，是他们倾听的重点不同造成的。

那么，销售人员在与客户的交谈过程中，要着重倾听什么内容呢？

1．客户的痛点

销售人员的职责是什么？最直接的答案是把产品卖给客户，为客户提供一种服务，还有一种委婉的说法就是给客户提供解决问题的方案。其实，这才是销售人员最应该做的事情，就是通过自己的产品或者服务解决客户真正的痛点。

要想解决客户的痛点，首先要找出客户的痛点。在实际销售过程中，销售人员会发现，有少数客户很直接，他们会主动告诉销售人员自己需要什么产品，对产品有什么要求，以及适当的价格范围等，但是大多数客户都不会直接告诉销售人员。有的客户在和销售人员交谈中甚至会采取声东击西、真假难辨等语言策略，混淆视听，将自己的痛点隐藏起来，以此摸清某一款产品的价位、功能等。如果销售人员所介绍的产品非常适合自己的需要，那么他就会进一步和销售人员讨论其他方面的问题；如果销售人员介绍的产品并不能满足自己的需求，那么他很可能扭头就走。

因此，销售人员的核心任务就是在与客户的沟通中，听出客户真正的意图所在，也就是客户需要什么产品，什么样的产品才能满足他内心的需要，或者哪一款产品能够帮助他解决自己正面临的问题，而这些，就是客户的痛点。

2. 客户的兴奋点

一般来说，客户之所以产生购买行为，源于两个不同的出发点：逃离痛苦和追求快乐。客户的兴奋点和痛点不同。客户的痛点就是让其感到痛苦的问题点，兴奋点则是让其感到快乐的理由。一个优秀的销售人员，总是善于在销售中点醒客户，先是让他思考所面临问题的严重性，再帮助他展望解决问题后的快乐感与满足感，而促成这一情绪转化过程的最佳载体和方案就是销售人员所销售的产品。

一般来说，当客户感到痛苦或兴奋时，常常会通过对话中的一些字眼表现出来，比如"非常不满意""怎么可能""真棒""太好了"等，这些字、词被称为情绪性字眼，它们通常表现了客户的潜意识导向，表明了他们对于某一问题的深层看法，所以销售人员在倾听时要善于捕捉到这些情绪性字眼，以此掌握客户的痛点和兴奋点。当客户的话语中出现了这些情绪性字眼时，销售人员就应该抓住机会，进一步和客户沟通，促成交易的完成。

销售人员在倾听的过程中，还要善于观察客户的微表情和肢体语言。比如，当客户听到你的推荐建议后，出现皱眉、搓手、歪头等表情和动作，这说明你击中了他的痛点，当客户听到你的推荐或建议时很兴奋，看起来眉飞色舞，这表明你找到了客户的兴奋点，帮助他找到了解决其症结的办法，如果接下来你能够抓住时机，进一步沟通、说服，那么成交就会变得很容易。

情景练习

地点：化妆品专卖店。

背景：销售人员元元在向一位女士推荐一款爽肤水，她介绍说该产品能够有效对抗暗斑及肌肤瑕疵，令肤色更亮白、更均匀、更莹润，而且温和、不刺激皮肤。这位女士却质疑道："我以前用过这种产品，效果并没有你说的那么明显。"

问题

如果你是元元，你会怎么说？

参考答案

可以对这位女士说："不同的产品之间差别是很大的，可能您以前买的产品不合适您的皮肤。这样，我们店里有一套皮肤检测仪，可以先给您检测一下皮肤，然后根据您皮肤的状况来看您是否适合那款产品，您看怎么样？"

声音和语态，听出客户的真性情

俗话说："听话听音。"与客户接触，销售人员不仅要能听出字里字外的意思，还要通过对方说话的声音和语态来加深对客户的了解，进而找出客户的需求点，并说服对方购买产品或者服务。

1."闻其声而知其人"

每个人的声音都是不同的，但是从本质上来说，声音会随着人内心变化而变化，并时刻反映人们在某时某刻的心境。销售人员在与客户接触的过程中，如果能做到"闻其声而知其人"，那么与之沟通就变得有的放矢了。

一般来说，客户语音的高低、快慢、强弱、粗细等特征，都可以作为反映其内心的一种标志。

（1）声音清亮和畅。

如果客户的声音清亮和畅，那么代表客户内心清顺畅达，没有什么烦心事困扰着他。此时就是促使他购买产品的最佳时机，往往能事半功倍。

（2）说话速度快。

有的客户说话速度很快，这代表他们反应敏捷，而且大多能言善辩。这说明他们已经在心里将所有的问题都考虑清楚了，没有任何的疑虑。

（3）说话速度慢。

说话速度慢的客户，往往淡泊名利，他们不会为了一己私欲而失去底线。和这样的客户沟通，常常不会有太大负担和太多忧虑，因为对方往往能做到真诚待人，很少会斤斤计较。

（4）说话不紧不慢。

如果客户说话不紧不慢，那就代表他们的心态比较平和，胸有成竹。与这类客户打交道的时候，一定要循序渐进，不可冒进。

2．从语态看性格

在交谈的时候，面对不同的听者，如果语境不同或者目的不同，人的语态也会有所不同。语态，反映了当事人说话时的语言风格和节奏感等。这些说话习惯从侧面透露了人们的心理特点，从中也能看出一个人的性格。

销售人员在与客户交谈的过程中，要善于透过对方的语态来识别客户的个性，进而获得更多客户的信息，有针对性地说服客户购买产品或者服务。

（1）喜欢使用恭敬用语。

在说话时经常使用恭敬用语的客户，大多比较圆滑和世故，他们往往善于察言观色，具有很强的洞察力，能够换位思考，体察他人心理，然后投其所好。对此，销售人员要提高警惕，避免被这类客户"灌迷魂汤"，被对方牵着鼻子走，导致做出错误的判断。

（2）说话简洁。

有的客户说话简洁，从不拖泥带水，代表他们的性格通常具有豪爽、开朗的一面，做事干脆、果断，十分有魄力。对于这类客户，销售人员可以清楚地掌握他们的需求信息，并能从他们身上学到做人做事的学问。

（3）说话拖拉、废话连篇。

有这种说话习惯的客户通常性格软弱，胆子小，责任心不强，心胸狭窄，喜欢在一些鸡毛蒜皮的小事上纠缠不清。对于这类客户，销售人员最忌讳的就是与他们陷入无休止的争辩中。与他们沟通时，务必要把话说到点子上。

（4）习惯用方言。

有的客户说话喜欢用方言，说明他们是感情丰富而又重感情的人。跟他们打交道时，销售人员可以打好"感情"这张牌，播撒自己的人情种子，终有收获成果的一天。

（5）好为人师。

有些客户自我意识强烈，常常自以为是，目中无人，具有很强的表现欲，喜欢卖弄。要走进这类客户的内心，最重要的一点就是满足他们好为人师的心理，积极迎合他们。需要注意的是，销售人员要在倾听中听出他们的需求。

情景练习

地点：某服装店。

背景：一位女顾客走进店里，对着某一件上衣左看右看。服装销售人员微笑着迎了上去，说："这款上衣看起来和您很配，不管是颜色还是款式，都非常适合您。"那位女顾客说："可是我感觉它的颜色太浅，穿一天就得洗。"销售人员说："夏天穿浅色的衣服，看起来很清爽啊！"女顾客说："我再考虑考虑。"说完转身走了。

问题

如果你是这家服装店的销售人员，你会怎么说来实现成交？

参考答案

可以这样回应："浅色衣服的确容易脏，不过夏天穿浅色衣服凉快、清爽，而且会让人显得非常有活力。您觉得总得洗比较麻烦，是吧？其实夏天的衣服通常都是穿一两天就要洗的，而且这个面料特别容易洗，还干得快。头一天您下班回家洗了，第二天早上肯定不耽误您穿。另外，我觉得您穿上这件衣服一定很漂亮，要不您试试看？"

口头语，暴露客户的心性

> 明智的做法是销售人员让客户多说，自己少说，这样，客户就会觉得自己被重视，他就越能对你敞开心扉。客户说得越多，你就越能从中捕捉到更多有利的信息。
>
> ——世界杰出的推销大师　马里奥·欧霍文

经过长期的演变，如今，口头语已经成了人们的习惯用语，似乎总是不经大脑就脱口而出。正是因为口头语能够逃过意识"警察"的"法眼"，这才使我们能够看到其后面深藏的潜意识，所以它也被人们称为"心灵的莫尔斯电码"。

口头语的形成，不仅和个人的性格有关，还和其所处的环境以及所接触的人群有关。对于销售人员来说，在和客户交谈的时候，要注意识别客户的口头语，因为它能在一定程度上反映客户内心的真情实感，是打开客户心门的一把钥匙。

那么，客户常见的口头禅有哪些呢？针对这些口头禅，销售人员应该采取何种应对话语？对此，我们做了归纳和总结。

1. 经常使用流行语

有这种说话习惯的客户口中往往金句频出，看起来喜欢浮夸，标新立异，有个性，其实是一种随大流的表现，本身缺乏主见和独立性。对此，销售人员在与他们交谈时可以同样使用一些流行、前沿的概念和说法，展示出自己见多识广、专业性强的一面。

2. 经常使用外来语和外语

这类客户往往有着很强的虚荣心，喜欢卖弄和炫耀。在面对这类客户的时候，销售人员可以通过具有诱惑力的价格和一些优惠条件，来吸引他们与自己达成交易。

3. 经常使用方言

有的客户不仅喜欢使用方言，而且在说出方言的时候还底气十足，理直气壮，这反映了他们有很强的自信心，并且有属于自己的独特个性。对于此类客户，销售人员最好不要采用直来直去的推销方式，绕个圈子说话，他们可能更易接受。

4. 以"我"等作为口头语

有的客户经常把"我"挂在嘴边，总是寻找各种机会强调自己，以吸引他人注意。对于这类客户，在与他们沟通时，销售人员要给他们机会让其发表个人观点和看法，并认真倾听，给予他们被重视的感觉。

除了以"我"作为口头语，还有很多词语或者句子会成为客户的口头语。

（1）"确实如此"。

常说"确实如此"的客户，大多浅薄无知，自己却毫无察觉，还总是自以为是。对于这类客户，销售人员要展现出自己专业、博学的一面，对其展开销售攻势，让客户为你折服，并被你说服。

（2）"绝对"。

经常说"绝对"的人，常常比较武断，他们或者没有自知之明，或者自知之明过于强烈。对于这类客户，销售人员可以先让他们说出自己的要求、条件，然后再表明自己的立场。

（3）"果然"。

爱说"果然"的客户，往往自以为是，以自我为中心，强调个人主张。与他们接触的时候，销售人员要注意多照顾他们的感受，给予他们应有的主动权和被尊重的感觉。

（4）"其实"。

有一类客户常把"其实"挂在嘴边，他们常常有着很强的表现欲，希望能引起别人的注意。对这类客户，销售人员可以多一些赞美，让他们感受到你的热情。

（5）"真的"。

常常说"真的"的客户，往往缺乏自信，总是唯恐别人不相信自己的话，总是通过这样的字眼对自己的话加以强调。在与他们进行交谈时，销售人员可以用专注的眼神看着对方，认真听他们说话，并不时点头，让他们产生被尊重的感觉。

（6）"我早就知道了"。

爱说这句话的客户，常常有着很强的表现欲，总是希望自己当主角。那么，销售人员就可以满足他的这种欲望，甘当配角，这样更利于双方之间的合作。

（7）"最后怎么样"。

客户经常说出这句话，表明客户还有一些潜在欲望没有得到实现，这时，销售人员可以问问客户还有什么期望或者要求，即使这次合作没有实现，也可以在下一次合作中完成，这样可以将客户拴牢。

（8）"是不是……""能不能……""我个人的看法是……"。

有这种说话习惯的客户通常和蔼可亲，不管什么时候都能做到冷静思考，客观理智，对他人的话先进行一番认真分析，然后再做出正确的判断和决定。

（9）"啊……""这个……""那个……"。

经常说出这些口头语的客户，说话做事通常谨小慎微，一般不会招惹是非，是人们口中的老好人。跟他们沟通的时候，切记不要逼他们表态。

（10）"你应该……""你不能……""你必须……"。

经常使用这些命令式词语的客户，大多比较专制、固执、骄横，有强烈的支配欲。销售人员不妨让他们先发表高见，自己则在倾听中掌握他们的诉求和底线，然后再进行有针对性的说服，达成合作。

（11）"我要……""我想……""我不知道……"。

经常说出此类话的客户往往个性单纯，爱意气用事，他们不能很好地控制自己的情绪，喜怒无常，容易让人捉摸不透。对于这类客户，销售人员要做的就是学会引导，感染对方的情绪，营造有利于交易的良好交谈氛围。

情景练习

地点：某客户家。

背景：销售人员李平去拜访一位客户，希望能劝说对方购买一批新型的办公设备。在与客户交谈的过程中，他发现客户喜欢说"听朋友说"。比如，"听朋友说现在耗材都在降价，为什么你们的产品却还是这么贵？""听朋友说有一批更新型的办公设备即将上市，你们的这款设备是不是已经落伍了？"等。李平不知道这代表什么，也不知道怎么去说服他购买办公设备。

问题

如果你是李平，你会怎么说服这位客户呢？

参考答案

可以告诉他"我们的设备贵的原因，就在于我们使用了最先进的技术和材料，有的技术还属于我们独家的专利，即使有新产品出现，也无法超越我们的产品"。

（表达要点：（1）客户经常说"听朋友说"，代表他在决策时容易受到外界的影响。我们可以利用客户的这种特点，用自己的观点来影响客户。（2）如果客户还是犹豫，那么可以从售后服务、价格等方面来打动他。）

正确的倾听方式，倾听客户内心真正的声音

> 好的倾听者，用耳听内容，更用心"听"情感。
>
> ——著名心理学家　约翰·P.狄金森

如果销售人员一见到顾客就侃侃而谈，那么大多数顾客都会没有耐心听完，销售人员很快就会遭到拒绝。事实上，那些各行各业的销售高手都认为，在销售中，倾听比说话更加重要。有一位成功的销售人士甚至说过这样的话："一个真正的销售人员80%使用耳朵，20%使用嘴巴。"可见，倾听在销售过程中有多么重要。

因此，作为销售人员，不仅要具备专业的产品知识，更要能听懂客户话语背后深层次的需求。在与客户沟通的过程中，销售人员要关注客户的兴趣点，并从这些兴趣点中找出客户真正的痛点以及他们的目的和欲望，为进一步说服客户购买产品打下坚实的基础。

1. 倾听的四个层级

倾听是一门艺术，也是销售人员不可或缺的一种职业素质，学

会正确、有效地倾听应是每个销售人员的必修课。要想做到这些，销售人员就要不断修炼，达到倾听的最高层级。

一般来说，倾听可以分为四个层级。

（1）心不在焉地听。

处于这个层级的销售人员常常以自我为中心，不太在意客户说什么。在与客户交谈的时候，他们常常心不在焉，甚至表现得不耐烦。一旦客户发现了销售人员的这种情绪，自然不会再与他们打交道。

（2）被动消极地听。

在这一层级，销售人员虽然会认真听客户说话，但是不会去仔细分析客户话语背后的深层含义，而且不会观察客户的微表情和肢体语言。最终造成这样的结果：他们很难真正了解客户的真实需求，服务不到点子上，客户会质疑他们的服务态度。

（3）积极主动地听。

与前两个层级相比，处于这个层级的销售人员的倾听水平明显有了提高，他们不仅能专心听客户说话，还能与客户积极互动，正因为此，他们比较容易与客户达成交易。

（4）用同理心去听。

这属于最高层级的倾听，处于这个层级的销售人员具有同理心，能够站在客户的角度上思考问题，在与客户互动的同时，了解客户的需求，并积极主动地帮助客户解决面临的问题。与上个层级相比，第四层级的销售人员显然更懂得"要做销售，先做朋友"的道理。

据统计，85%的销售人员都处在第一层级或者第二层级，真正能达到第四层级的只有5%，这极少数人就是目前各个行业内顶尖的销售人员。不过，对于销售人员来说，不管处于哪一层级，都可以从现在起提高自己的倾听能力，让自己更进一步。

2．几种有效倾听的技巧

销售人员如何倾听才能听到客户内心真正的声音呢？

（1）倾听时一定要专注。

很多销售人员都有这样的经历：因为一次答非所问的沟通，客户失去耐性，拂袖而去，留下自己在原地懊悔不已。因此，销售人员在与客户交谈时，要排除一切干扰因素，全神贯注地去倾听客户的每一句话。

销售知识速递

要做到倾听时聚精会神，销售人员要极力排除以下几个因素的干扰。

1．周边环境的声音

比如周围人们的谈话声、走动声，甚至窗外的风声雨声等，这些都会对倾听造成一定的影响。

2．思维遨游

在倾听客户说话时，我们的脑子中可能会涌现一些其他想法。比如，下班后请到访的亲戚去哪个餐馆就餐，周末约朋友去哪里游玩，等等，一不留神注意力就转移了，很可能就因为这一瞬间注意力的转移，我们就忽略了客户非常重要的话。

3. 情感作用

有的客户说话带有一些特别口音，有的客户说话有些结巴，还有一些客户说话不够婉转，这时你的情感定位会使你在倾听时带上过滤筛，有选择性地摄取信息。

（2）保持同频性。

有时候，客户在问销售人员关于A问题的答案时，销售人员却说出了B问题的答案，这就是沟通不同频造成的困惑。要想与客户保持同频性，销售人员在倾听的过程中，不仅要在适当的时机以积极的语言回应，还应配合自己的肢体动作来回应，对于客户着重强调的地方最好能做详细的记录，以便后面能有针对性地解决客户的疑虑。

（3）挖掘被客户隐藏的关键词。

有的客户为了达到某种目的，在与销售人员交谈的时候，故意使用声东击西、暗度陈仓等手段，隐藏自己的真实想法，这给销售人员的工作带来了一定的难度。这时，销售人员要想办法把客户话语中隐藏的关键词挖掘出来。这就要求销售人员做到：认真倾听，对对方所说的含糊词语以请教的口吻询问出来；对于客户所说的关键词，如价位、功能、售后服务等要记录下来。这样，等客户说完的时候，销售人员就能明白客户真正要表达的意思了。

情景练习

地点：客户陈总家里。

背景：经朋友介绍，汽车销售人员凯文来到买过自己公司汽车的陈总家拜访。他刚要开始自我介绍"您好，陈总，我是……，我叫×××"时，就被陈总严厉地打断了，陈总开始向他数落买车的种种不快，如服务态度不好、报价不实、内装及配备不对等。

问题

如果你是凯文，你会打断陈总，向他一条一条解释，还是耐心地倾听，然后再一一解释？

参考答案

不仅要耐心倾听，还要配合充满歉意的表情。此外，在语言表达上可以这样说："嗯，您说得对""很抱歉……"等。

（表达要点：（1）不仅要耐心倾听，还要配合充满歉意的表情。还要在语言上表达出对客户的歉意。（2）待客户抱怨完，再向客户一一解释，这样客户比较容易接受。）

第六章

价格谈判：敢于对客户
说"不"的心理博弈术

价格谈判是销售环节的重中之重，因为价格关系到销售人员和客户的切身利益。掌握产品价格的谈判之道，可以让客户满意而归，而你也将赚得盆满钵溢。

报价巧才能卖得好

> 没有任何一个地方比错误定价更让你白白送钱给别人的了。
>
> ——德国管理大师 西蒙

客户在购买商品时，最关心的就是价格问题。如何报价、报价的时机选择都是决定客户是否购买的关键。

1．选对报价黄金时机

选对报价时机，对销售的成败有着至关重要的影响。这是因为，一方面，如果销售人员在还没有和客户谈妥细节的情况下就贸然报价，那么很可能会给客户带来心理压力，另一方面，如果销售人员没有捕捉到客户的成交信号，贻误了报价的最佳时机，就会错失成交的机会。

因此，对于销售人员来说，要学会适时地报出合适的价格，这样才能保证销售顺利完成。

赵雷是一家电子公司的销售人员。有一天，他向一位大客户推销一套高新电子设备。寒暄之后，他开始向客户介绍产品的各项性能。

　　客户："这款产品造型美观，很有艺术感，就是不知道性能怎么样。"

　　赵雷："如果我说性能好，您肯定不信。这样吧，明天有时间吗？您亲自去我们公司体验一下，就知道了。"

　　客户答应了。

　　果然，客户第二天来到赵雷所在的电子公司，体验之后，对产品的性能十分满意。这时，赵雷不失时机地说："我们的产品在投向市场之前已经通过了多项实验检测，并通过了国家质量体系认证。另外，客户在使用过程中，不管出现什么质量问题，我们都会派专业人士上门维修。"

　　"嗯，不错！"至此，客户的购买意向表现得已经非常明显了。

　　见此，赵雷趁机拿出报价单，说道："您也知道'一分价钱一分货'，这是这款产品的报价单，您看一下。"

　　客户看完，又和赵雷交流了一番，最终定下了这款产品。

　　在上面的销售案例中，销售人员赵雷在向客户报价之前，不但详细介绍了产品的性能，还让客户亲自体验了一番，让客户的需求心理得到了满足，然后才报价，为交易的完成做好了铺垫。

　　在实际销售过程中，要选准报价的时机，这个时机我们通常称为黄金时机。在黄金时机报价，成交的可能性会更大。那么，什么样的时机才是黄金时机呢？

一般来说，下面几个时机都是黄金时机。

（1）向客户进行过产品宣传后。

（2）确定客户对产品有了比较透彻的了解之后。

（3）客户有了购买的欲望时。

销售人员要把握好这几个黄金时机，要知道，只要把握了恰当的报价时机，就相当于获得了成交的机会。

2．因人而异报价

在销售时，销售人员会遇到各种各样的客户，不同的客户拥有不同的心态，也会有不同的购物心理。因此，销售人员在报价之前，首先要了解客户属于哪种类型，这样才能有针对性地为他报价。

（1）购买动机不明确的客户。

这类客户通常对产品不太了解，所以销售人员不能一开始就报价，而是应该先向他们介绍自己的产品。当他们对产品的性能等各方面特点有了足够的了解，并产生购买欲望的时候，才可以向他们报出价格。

（2）对于有购买意向的客户。

这类客户在购买产品之前大多已经对其有了一定程度的了解，而且有了明确的购买方向和目标。对于这类客户，如果他们主动询问价格，那么，即使报出的价格稍高一些也没有关系。

（3）对于业内的客户。

这类客户对于产品和行情相当熟悉，所以销售人员不需要过多地向他们介绍产品。当他们询问价格时，直接报实价就可以了。

地点：某综合商城。

背景：客户徐女士带着7岁的女儿在某品牌学习机售卖处询问关于学习机的情况。她7岁的女儿兴奋地试用着样品机。一开始，销售人员小范还挺有耐心地一一回答徐女士的问题，但是后来她发现这个客户只是单纯地询问，并没有要买的意思。

问题

如果你是小范，你会怎么将话题转移到价格上来？

参考答案

可以对徐女士说："我们的产品都是经过权威部门的质量论证的，如果您确实要买的话，我们可以坐下来，好好聊一聊关于这款产品的问题。"

顾客的喜好程度，决定价位浮动大小

> 我经常为便宜买来的东西生气，却很少为很贵买来的东西恼火。
>
> ——德国管理大师 西蒙

客户对产品的喜好程度能在一定程度上影响他的购买欲望。在现实生活中，经常会出现这样的情况：如果一个人对某一件产品十分感兴趣，尤其达到茶不思饭不想的时候，就会想方设法得到那件产品，甚至愿意付出一切代价；相反，如果一个人对某件产品不感兴趣，那么，即使免费送给他，他也会当垃圾丢掉。

基于这种情况，销售人员在与客户沟通的过程中，可以通过旁敲侧击来了解他对某一件产品的喜好程度，这样就可以预测成交的概率有多大，而且还可以据此在价格浮动大小上做文章。比如，对那些兴趣不大的客户，可以通过大幅度降价来诱惑客户购买，这个降价的幅度一般应根据企业的某些指标来衡量；如果客户特别喜欢某一款产品，那么降价幅度就要变小或者干脆不降价；等等。

旭峰刚买了房子，正在布置自己的新家。正逢周末，他就和妻子一起来到一家大型家具市场挑选家具。

　　很快，他们看上了一款沙发。销售人员热情地介绍道："你们真有眼光，这款沙发外形美观大方，它是根据人体学相关的知识设计的，保证您坐在上面非常舒服，而且沙发是一组，长的部分还可以让您躺下来放松呢！另外，这款沙发的弹簧力度比普通沙发强一倍，可以长久保持沙发的外形美观。也就是说，这款沙发的生命周期更长，比其他普通沙发长1~2年。所以，您完全可以放心购买。"

　　旭峰说："产品的质量确实不错，但是价格和其他店铺比起来有点儿高，能不能再便宜点儿？"

　　销售人员对他说："价格这块儿您不用顾虑太多，因为我们商场向您保证，您在本店购买的沙发价格是最实惠的，性价比是最高的。我们店长期坚持薄利多销的原则，目的就是增加客源。"

　　旭峰再一次争取道："您说的这些都没错，但是我们刚买了房，手头有点儿紧，我们就是看上了这款沙发，真的不能再便宜一点吗？"

　　销售人员坚持道："真的不好意思，因为沙发的质量非常好，成本摆在那里，所以价格真的不能降低。不过看在您这么有诚意的份上，您购买时我可以送您一组沙发摆件。要是您觉得行的话，就赶紧买回去摆在家里吧！"

　　旭峰非常喜欢那款沙发，并且看沙发质量确实比较好，又没有降价的可能，就很痛快地将沙发买了下来。

　　在这个案例中，销售人员就是看出旭峰对沙发非常喜爱，所以在销售的过程中始终不肯降价，并且表现出非常为难、不情愿的态度。在之后的价格谈判中，销售人员又适当让价，答应送客户赠品，结果顺利促成了这笔交易。

这场交易成功的关键在于销售人员看出了客户对自己的产品异常喜爱。那么，销售人员如何才能了解客户对于自己产品的喜爱程度呢？

1．全面了解客户的客观情况

销售人员在与客户沟通的过程中，要对客户进行全面了解，了解他的购买力，尤其要了解客户对于产品的喜爱程度，是非常喜欢还是只是过来看看而已。销售人员可以据此分配服务顾客时间和精力的长短，有针对性地服务客户。

2．挖掘客户内心真实的需求

销售人员在倾听客户说话时，要开启全方位模式，收集一切可能的资料，在此基础上进行分析归纳，挖掘客户的真实需求。

3．找到客户的痛点

销售人员要弄清客户最头疼的问题是什么，他购买产品想要解决哪些问题。了解了这些问题之后，销售人员就可以将自己的产品能够解决客户问题的优势向客户全面地展示出来，这样客户就能发现销售人员所推荐的产品能够解决自己的"痛点"，这能增加他渴望拥有产品的程度，也就增加了他的购买欲。

地点：某家用电器商城。

背景：一位女士看上了一个扫地机器人，询问销售人员价格之后，感觉太贵了。

问题

如果你是扫地机器人的销售人员，你会怎么说服这个女士买下它呢？

参考答案

可以对这个女士说："我们买一款产品最关键的是看它是否适合您，以及您是否真的喜欢它。如果您因为便宜而买了一款自己不喜欢的产品，买回去之后又总是出故障，那才不划算呢，您说对吗？"

锚定策略：报出高于预期的价格

> 付太多钱是不聪明的，但付太少钱更糟糕。你付得太多，失去的可能是一些钱；但你付得太少的话，可能全部丢掉，因为你买来的东西不能完成它应该完成的任务。
>
> ——英国社会活动家　罗斯金

锚定策略是销售人员在价格谈判中最常使用的一种策略，这种策略运用的依据是锚定效应，就是指人们在判断一件事物时，特别容易受到第一印象或者接收到的第一信息的影响，就像船锚沉入海底一样，第一印象或者第一信息很容易将人们的思想固定在一个特定的地方。

这种策略运用在销售的价格谈判中，主要就是销售人员可以初次报价时报出高于预期的价格，然后在双方谈判的过程中再划掉原价给出低价，这样更利于客户接受产品的目标价格。因此，销售人员要想获得自己想要的产品报价，可以运用锚定策略来抬高产品的价格。

事实上，一开始抬高价格，可以帮助销售人员达到以下三个方面的目的。

1．带来一定的谈判空间

在价格谈判中，销售人员很容易降低价格，却很难抬高价格，所以在一开始就要提出一个最优价格，也就是你所能开出并且可能被对方接受的最高价格。而且对对方了解得越少，你的最初报价就应该越高。

不过，需要提醒的是，当你的报价远远高出自己的最优价格时，一定要让对方知道价格是可以商量的。如果你一开始就来个狮子大张口，并且一副"要么成交，要么走人"的态度，那么，对方很可能立刻甩手走人，因为他们认为"我们之间根本没什么好谈的"。相反，如果你能让对方感觉到可以讨价还价，就能避免这种尴尬的局面了。

比如，销售人员可以告诉客户："当然，我们可以适当调低这个价格，但是我们所能承受的最低价格是一件15元。"听完这句话，客户虽然感觉这个价格离谱，但是会感觉价格还可以再商量，于是就会留下来继续进行价格谈判，看看能把价格压到多低。

> 🔆 **小贴士**
>
> 对于销售人员来说，要警惕这样一种情况：不敢大胆报价。许多销售人员都害怕提出一些被对方斥为"荒谬"的价格或者条件，他们害怕被客户嘲笑或者被对方立刻回绝，所以往往会主动将报价压到低于对方所能接受的价格上限。事实上，作为销售人员，你的最优价格可能比你想象得要高出很多。这是因为，虽然你报出了远远高于预期的价格，但是仍然有极少数人立刻接受。

2．提高你的产品或者服务在对方心目中的价值

作为销售人员，你报出的价格很容易影响客户对你的产品或者服务的价值判断，尤其会影响那些毫无经验的新手。即便对一名专业采购人员来说，你的报价也会产生一定的影响力。

拿药品阿司匹林举例来说，大家都知道，阿司匹林就是阿司匹林，即使是名牌阿司匹林，也和在连锁店里的阿司匹林没什么区别，所以，如果名牌阿司匹林的价格为14元，普通阿司匹林为7元的话，大多数人都会选择买普通的那种。

如果某天销售人员对客户说，那盒名牌的阿司匹林打折而且仅限当天一天，售价只有8.5元的时候，客户会选择哪个？他们很可能会犹豫，即使他们知道两种阿司匹林其实并没有什么不同，但是既然只有不到25%的差价，他们还是会考虑买名牌阿司匹林。

3．给对方一种"我赢了"的感觉

如果销售人员在一开始就报出自己的底线，就不会让对方在交易完成后产生"我赢了"这种感觉。

那些没有经验的销售人员很可能会告诉销售经理："今天我要去谈一笔大生意，但是我知道竞争对手很多。他们一定给客户开出了很多报价，所以我想我还是应该一开始就把价格压到最低，否则我们根本就没有赢的机会。"事实上，真正的优势谈判高手非常清楚高报价的重要性，这是能让对方感到自己赢得谈判的主要方式之一。

地点：某大型商场。

背景：销售人员小汪在向客户介绍他所售卖的台灯。他说："这是一款护眼台灯，LED面光源减蓝光，让您远离蓝光对眼睛的损伤，售价只有50元。"客户问他能不能便宜点儿时，小王一口回绝："不能再降了，再降我们连成本都收不回来了。"客户听完说："那算了，我不要了。"

问题

如果你是小汪，你会通过怎样的话语使客户满意地成交？

参考答案

可以在一开始报价60元，客户如果要求便宜一点儿，就先降5元。如果客户不满意的话，就不情愿地说："那好吧，就照顾您一下，再降5元。希望我们还会有更多的合作机会。"

"转身离开"策略：要买就买，不买拉倒

> 一样东西的价值在于购买者愿出多少钱。
>
> ——古罗马哲学家　绪儒斯

有培训师说过这样一句话："如果你无法做到转身离开，你就无法与人谈判。"这就是谈判中的"转身离开"策略。这种策略是人们长期研究得出的一个结果。这个研究结果证实：人们都希望得到自己无法得到或是没有的东西。

1. 销售中的"转身离开"策略

在销售行业里，这种策略用简单一句话形容就是"要买就买，不买拉倒"。销售人员如果不给客户任何商量的余地，他们的欲望似乎会变得更加强烈。

在现实生活中，销售商经常运用这种策略，比如黑色星期五、"今天半价""打折最后三天"等。然而，很多销售人员在与客户进入价格谈判阶段时，不愿意采用这种谈判策略，他们很容易陷入

抵抗或是逃避的模式当中。也就是说，他们宁可向客户妥协，也不愿意展现出"转身离开"的策略。

2．情感反应机制下的应对策略

下面我们来看看客户惯用的几种谈判手段以及他们可能触发销售员出现哪些情感反应。

客户谈判一：

"你的竞争对手的价格比你的要低20%，你的价格能和他们一样吗？"

触发销售人员的情感：恐慌、愤怒、绝望。

客户谈判二：

"我们今年的处境有点儿困难，你们能不能再给予我们一点儿优惠？"

触发销售人员的情感：同理心、遗憾。

客户谈判三：

"我们希望能与你们合作，因为我们认为你们提供了最好的解决方案，但就是价格还有点儿偏高。"

触发销售人员的情感：恭维、恐慌和乐观。

其实，上面客户所采用的说话策略就是谈判中的一般性谈判技能，目的是扰乱销售人员的正常思考，触发他们的情感，从而能够降低价格。

作为销售人员，当你意识到这些以后，就可以使用"转身离开"的思维方式，这能让你始终保持冷静的态度。当你不被情感控制时，清晰的思路就可以帮助你将话题从原来的价格层面转移到价值层面上来。

这时，我们就可以对以上客户的谈判策略做出有效反击。

（1）客户："你的竞争对手的价格比你的要低20%，你的价格能和他们一样吗？"

回应："非常感谢您能将竞争对手的价格告诉我，不过有一点我不明白，既然您能在我们的竞争对手那里以较低的价格得到同样的价值，那么您为什么要和我们进行谈判呢？当然，我们非常愿意和您有业务上的往来，但是如果我们的竞争对手能够以较低的价格为您提供优质的产品或者服务，那么我们不会介意您和他们合作的。"

在这种回应中，销售人员能够很好地管控自己的情感，没有对客户的谈判手段做出过激的反应，只是提出了一个常识性的问题：如果竞争对手能够以较低的价格提供同样价值的产品或者服务，那么，客户为什么还要选择和自己谈判呢？这时，就轮到客户要为继续和销售员进行对话找到一个足够合理的理由了。

（2）客户："我们今年的处境有点儿困难，你们能不能再给予一点儿优惠？"

回应："这点我非常理解，不过这对我的许多客户都是一样的，他们都面临艰难的一年。我们是否能够继续接下来的讨论，就只能看您是否有诚意达成这次交易。也许，您将购买的计划推迟到明年也是不错的选择。"

此处销售人员展现出了同理心，同时将是否购买的责任推给了客户。可见，销售人员已经将"转身离开"的销售策略运用自如了。

（3）客户："我们希望能与你们合作，因为我们认为你们提供了最好的解决方案，但就是价格还有点偏高。"

回应："非常感谢您对我们的信任，让我们重新审视一番评估报告，找出那些回报率最高的举措。然后，我们就可以进一步研究可以将哪些内容删去，从而更符合您的预期。"

销售人员并没有受到对方语言的影响，而是让客户决定是否要从评估报告中删掉一些内容。这其实是将关于是否降价的问题，转化为关于客户是否真心愿意为了解决问题或者抓住机会而付出努力的问题。

情景练习

地点：某品牌眼镜店。

背景：一个时髦女郎看上了一款太阳镜，问了价格后，她说在另一个眼镜专卖店看到一款类似的太阳镜，价格比这款便宜几十元，问这款太阳镜是否也能便宜一些。

问题

如果你是这家品牌眼镜店的销售人员，你怎样解释才能让这个女郎有购买的欲望？

参考答案

可以对她说："因为我们的产品从不在质量上打折扣，所以也很难在价格上打折扣。不让次品上市，不以价廉取胜，这是我们一直坚持的原则。"

第七章
消除异议：耐心解释，打消客户最后的顾虑

对于产品和服务，顾客总是会有很多顾虑，这让他们迟迟无法做出购买的决定。你能做的就是打消他们的顾虑，让他们买得放心，用得安心。

抓住问题的关键，问出异议的真假

> 宁可丢钱，也不要丢掉信任。我最怕的一件事就是当人拿到我的产品检查时发现我做的是劣质的东西。
>
> ——德国企业家　罗伯特·博世

一般来说，在销售过程中，客户提出的异议越多，表明他的购买意向越强烈。但是，有一个前提是，客户所提出的都是真异议。这是因为，有时候客户也许对产品没有兴趣，并不想购买产品，他只是提出一些假的异议来刁难或者敷衍销售人员。所以，当客户向我们提出异议的时候，我们首先要做的就是分辨这个异议是真的还是假的。如果客户的异议是真实的，那么我们就要耐心地为他答疑解惑，否则就可以巧妙地避开这个异议。

要想分辨客户异议的真假，需要销售人员具备敏锐的洞察力和良好的分析能力。比如，当客户说"你们的产品没有提供很好的售后服务"时，我们可以通过三种方法来辨别客户异议的真假。

（1）反问法。

这种方法就是销售人员通过反问来把问题扔回客户，让客户自己去解决其提出的异议。比如，销售人员可以反问对方："那么您认为什么样的售后服务能让您满意呢？"如果客户能够提出一些具体要求，那么客户提出的这个异议就是真实的异议。

（2）假设法。

这种说话策略就是假设解决了这个异议，客户会不会购买。比如，销售人员可以问客户："假如我们的售后服务能让您满意的话，您是不是就决定购买了呢？"如果客户给出了肯定的回答，那么这个异议就是真实的异议。

（3）转化法。

这种回应方式就是把客户提出的异议转化为产品的一个卖点。比如，可以对客户说："您的担心可以理解，目前我们的售后服务确实还有不够完善的地方，但是您要知道我们的客户投诉量是最少的，这从另一方面说明我们产品的质量是最有保障的。那么您认为，质量和售后服务哪个更重要？"如果客户听完销售人员的话点头释然的话，那么他的异议就是真实的异议。

除此之外，销售人员还可以通过以下几种方法来辨别客户异议的真假。

1. 观察客户的眼神

人们常说："眼睛是心灵的窗户。"人的眼神总是能真实地反映自己的内心想法。只要我们稍微留意就会发现，当一个人在专心思考时，他会转动眼珠，使眼神游离，也有时会眼神失焦，当一个人撒谎时，他的眼神是飘忽不定的，因为他不敢直视对方，等等。所以，销售人员在与客户沟通的过程中，要特别关注客户的眼神，当他的眼神表现得很不自然的时候，他提出的异议很可能就是假的。

2. 留意客户的声音

一个人所说的话和他的内心想法不符，不仅会通过他的行为举止表现出来，甚至声音方面也会有所不同。比如，他的声音、语速、语调都会发生变化。

销售人员在和客户交谈时，要十分留意客户的声音、语速和语调。当客户提出异议时，如果语言生硬或者说话不太流畅，那么这个异议很可能就是假的异议。

3. 及时询问

如果经过观察、倾听，销售人员还是不能分辨客户的异议是真是假，不能明白客户的真实想法，那么销售人员就应该及时询问，找出客户异议背后的真正原因。询问的时候，既可以直接询问，也可以间接提问。

（1）直接询问法。

当你通过多种方式还是无法对客户的异议做出正确的判断时，不妨直接询问客户，比如，"您还有哪方面的顾虑？或许我能帮到您""您对这款产品还有别的要求吗""我还能为您做些什么"等。当你这样直接询问客户的时候，他很可能会告诉你真实的原因。

（2）间接提问法。

有时，直接向客户提问又显得过于鲁莽，这时就可以采用间接提问的方法，一步一步引导客户说出真实的异议。比如，可以这样提问："我们是不是有什么考虑不周的地方？"

在销售过程中，客户有异议是一个非常正常的现象。销售人员要做的就是首先识别客户异议的真假，然后充分施展自己的才能，引导客户的思路，把异议处理好。

情景练习

地点：某车展现场。

背景：贾先生看上了一辆最新款的跑车。销售人员绘声绘色地向他介绍了这款车的性能、特色，看得出来贾先生还是比较喜欢这款车的，但是他对车的质量还是有些担忧。

问题

如果你是该品牌跑车的销售人员，你会怎么辨别客户的异议是真是假？

参考答案

可以告诉客户："您这个问题也是所有消费者共同关心的问题。不过我可以负责任地告诉您，我们的车的质量是能够经得起考验的。您看，这是质量认定证书，这是国家的3C认证，这是……"这样解释之后，如果客户表示对质量很放心，就说明他的异议是真的异议。

（表达要点：首先可以对客户进行质量方面的解释和保证。）

产品演示法，让客户对产品质量放心

> 没有商品这样的东西。顾客真正购买的不是商品，而是解决问题的办法。
>
> ——美国营销大师　特德·莱维特

产品演示在现实生活中很常见，几乎每个行业都有展示产品的方法。比如：服装业主要通过试衣间和穿衣镜的设置来让客户直接看到衣服穿在身上的效果；音响器材行业中销售人员可以给顾客提供一种试音碟，让顾客听听音效如何；汽车行业让客户试驾；等等。为此，当客户对产品的质量或者性能表示担忧的时候，销售人员就可以精心准备一个个性化的产品演示，让顾客对产品产生兴趣，从而激起他的购买欲。

1．产品演示的步骤

一般来说，产品演示可以分为两个步骤。

（1）第一步：激发客户的兴趣。

设想一下，一位顾客走进一家鞋店，他看上了一双皮鞋，翻看一下鞋底，发现这双皮鞋的价格是500元，他就会立刻露出一副惊讶的表情："这鞋也太贵了！"

这时，销售人员给他演示了皮鞋的制作过程，告诉他这双皮鞋完全是由工匠手工打造的，也就是说，每一双皮鞋都是由一个工匠全权负责的。这个工匠要负责选择制作这双鞋的全部原料，并且保证两只鞋子所用的皮革完全相配。

除此之外，销售人员还告诉这位顾客："每一双鞋自从专人负责制作开始，就打上了工匠的名字。完工时，这些鞋子要保证没有切口，没有划痕，各个部分完美地组合在一起。这些鞋子和流水线上制造出来的鞋子不同，每一双鞋子都是独一无二的。"

当销售人员以一种轻松的聊天式的口吻介绍完这一切的时候，顾客就会被这双鞋神奇的制作过程吸引，同时也不会感觉500元的价格像刚看到时那样高得离谱了。

由此可见，在销售过程中，与顾客的信任相比，产品的价值具有更大的吸引力。如果顾客信任销售人员，又确信产品的价值，那么销售成功的概率就会很高；如果顾客不喜欢销售人员，但是被销售人员说服相信了产品的价值，那么交易仍然可能达成。然而，如果顾客没有发现商品的价值，那么不管他对销售人员印象如何，都不太可能购买那件商品。

总之，用一句话概括起来就是：顾客不会只为信任而购买，他们只会为了价值而购买。

（2）第二步：激发客户购买的欲望。

激发顾客占有某一件商品的欲望是产品演示的一个必不可少的部分。这是因为，如果顾客只对一件商品感兴趣，就不一定会购买。比如：一个女士欣赏一件大衣的价值，但是并不一定要将其买下，除非她试穿满意；一个顾客也许已经意识到了一辆豪车的价值，但是不一定会立刻拥有它，除非他亲自试驾有了良好的体验；等等。

因此，产品演示的第二个步骤就是让顾客体会到拥有某种产品后的美好感觉，让他急于想要将其据为己有。

2．掌握成功演示的说话技巧

产品演示能让销售人员有效地向顾客展示出产品的卖点和价值，但是这一过程会穿插一些要素，这些要素既能成就你的演示，也能毁掉你的演示。

要想成功地进行商品演示，销售人员需掌握以下两个技巧。

（1）将重要卖点保留到最后。

作为销售人员，如果你在提问阶段已经了解到客户的需求，知道所售卖的产品能给顾客带来什么样的价值，于是满怀信心地向客户演示商品，并尽可能将顾客的需求和产品所能提供的价值相匹配。除此之外，你还列出了该商品其他方面的卖点。

这时，顾客突然对商品提出了异议，你发现自己已经黔驴技穷了，因为你把所有商品的一切信息都告诉了顾客。

一个好的产品演示通常基于销售人员在提问阶段的发现，在满足顾客部分需求的同时，又保留一部分需求，将最佳的演示留到最后。

（2）鼓励顾客参与进来。

顾客如果能亲自体验产品，更容易认同销售人员所演示的产品的价值。所以，在演示产品的过程中，要时刻保持与顾客的互动，并保持顾客与产品的互动，鼓励顾客参与产品整个的演示过程。

比如，邀请顾客按动某件电器的按钮，打开冰箱门，开跑车转一圈，摸一摸衣服的面料，等等。在演示过程中，销售人员要教顾客怎么使用那件产品。在参与演示的过程中，顾客就会对那件产品产生一种情感投入，这种投入会让顾客更加信任销售人员，也扩展了商品的价值，并增强了顾客的购买欲。

> ### 💡 小贴士
>
> 在进行产品演示的时候，销售人员要懂得利用提问过程中挖掘的客户对于产品的需求方面的信息，演示客户关注的产品价值的信息。展示卖点和客户关注的产品价值，是销售演示的根本方法。如果能巧妙地做到这一点，你就赋予了商品存在的理由，也给了顾客购买商品的理由。

情景练习

地点：某家居用品商城。

背景：一个顾客同时看上了两个壁柜，一个是紫檀木壁柜，另一个柜门上用的是特殊铰链，比较耐用。他不知道选哪一个好。

问题

如果你是壁柜的销售人员，你会通过怎样的演示帮助顾客进行选择呢？

参考答案

最好分别进行演示，可以对顾客说："两个壁柜各有各的优点，这个紫檀木壁柜的一个优点就是它的独特性，因为像这样的壁柜可是不常见到的。如果您买来放在家里，绝对会显得与众不同，引人注目。而另一个壁柜的优点之一就是它的柜门上装的是特殊铰链，经久耐用。我想您在购买一件优质家具的时候一定非常重视这一点，对吧？"

共情式回应，让异议处理更轻松

> 销售终端是离消费者身体最近的地方，售后服务是离消费者心灵最近的地方。
>
> ——营销大师　菲利普·科特勒

有的销售人员认为，处理客户的异议就是与客户辩论，或者软磨硬泡使其屈服。还有一些销售培训师甚至建议销售人员，可以无视客户的异议继续完成交易。这是非常不可取的处理异议的方法。事实上，成功处理异议意味着不应该把销售人员和顾客对立起来，而是几乎完全取决于他们彼此合作的能力，这种能力包括销售人员全面理解顾客的感受和设身处地为顾客着想的能力。

也就是说，销售人员要将自己放在顾客的角度考虑问题，时刻对顾客的关切保持敏感。

下面六个步骤有助于销售人员处理几乎所有顾客的异议，而且这样做能够让顾客感觉销售人员在真正为他们着想，进而对销售人员的服务表示欣赏。

1．认真听完异议

在倾听客户提出异议的过程中，不要轻易打断客户的话，因为这样做暗示着他说的话无关紧要，不值得倾听。如果销售人员能认真听完客户的异议，可能会发现，他只是想要抱怨或者发泄一番。比如，下面的情景就是如此。

顾客："这实在是太贵了。"

销售员："……"

顾客："好吧……我决定买下了！"

这个销售人员一定庆幸自己没有反驳客户，否则又要进行一番口水战了。

2．承认异议

当客户提出自己的异议之后，为了避免引起他的反感，即使他的看法没有什么道理，销售人员也一定要首先表示理解他的异议，然后再帮助客户分析，做出解释。比如，以下就是正确的回应话语。

客户："我想我要回去和妻子商量一下……"

销售员："我当然能够理解。你们两人都喜欢才是最重要的，你们都希望为买到它而感到高兴，不是吗？"

3．请求许可以使谈话继续

要想进一步弄清客户产生异议的原因，想要谈话继续下去，销售人员首先要用礼貌用语来征求客户的同意，给客户留下不错的印象，为接下来的谈话打好感情基础。当客户表示拒绝购买之后，销售人员可以礼貌地请求许可："在您离开之前，我能问您一个问题吗？"这个问题通常能使谈话继续下去。

4．确认客户是否喜欢该商品

可以直接询问客户："你喜欢它吗？"这个问题可以鼓励客户打开话匣子，告诉销售人员他的真实想法。

5．问题检测

在上一步中，如果客户回答"喜欢"，那么他就完成了自我确认的任务，也就向交易成功迈进了一步。如果客户明确表示不喜欢那件商品，销售人员就要进入这一步骤。

下面就是一个成功地检测出问题的销售对话。

一位女顾客分别试了一件旧款的和一件新款的衣服。接下来她和销售人员之间展开了这样一次对话：

客户（拿着旧款的上衣）："这件上衣我穿着感觉不错，多少钱啊？"

销售员："原价400元，现在搞活动，打完折后才200元，它的质量特别好，这么便宜的价格，非常划算。"

客户："200元还便宜？这个款式是以前的老款，又不是新款，还这么贵！"

销售员："适合自己的才是最好的，这款上衣虽然款式有点儿过时，但是穿在您身上确实非常显气质。"

客户："这件旧款的能不能便宜一些？不行的话我就选那件新款的。"

销售员："您也喜欢这个新款的吗？"

客户："对啊，相比较而言，我还是喜欢这种长款的风衣，不太喜欢那种短款的。"

至此，销售人员终于找到了问题的症结所在，客户提出价格异议，并不是真的与价格有关，而是并不喜欢那种款式的衣服。

6．解决问题

找出了客户提出异议的真正原因，最后一步就是有针对性地帮助客户解决问题了。

情景练习

地点：某大型超市门口。

背景：某银行信用卡销售人员在向一个顾客推销信用卡，客户说："我现在有好几张信用卡了，我不需要了。"

问题

如果你是这个销售人员，会怎么回应这个顾客？

参考答案

可以对他说："先生，您说的这些我非常理解，就是因为您有好几张信用卡，所以我才要特别向您介绍我们这张'××卡'，这张卡最大的优点就是，不管从信用额度、功能还是便捷程度上，都可以做到一张卡顶好几张卡，帮您省去多张卡使用不便的麻烦。"

打太极式回应，可取得"以柔克刚"的效果

> 肯定的想法不迫使你做任何事情，但它比消极的想法能更好地帮你把任何事情都做好。
>
> ——美国杰出推销员　齐格·齐格勒

在销售过程中，销售人员总是会遇到各种各样的难题，会遭遇客户提出的各种异议。尤其是当客户说出带有歧视性或者攻击性的话的时候，有的销售人员就会和客户针锋相对，据理力争，这样做的后果是不仅会失去这个客户，还会给后续销售带来不好的影响。而那些有一定销售经验的销售人员就不会这样，他们会选择一种理性的方式来处理问题，克己制胜，不但稳住了客户的情绪，还会使客户对其产生信任感。

下面就是两种不同的对话情景，展现了截然不同的效果。

情景1：

销售员甲和客户的对话充满火药味：

客户："我听别人说，你们公司的产品价格高，性能还不好。"

销售人员甲："您听谁说的？我们公司的产品采用了世界上最先进的技术，怎么会出现您所说的问题？"

客户："没有人会说自己的产品不好的，反正我是不会买了。"

销售人员甲："不可理喻。"

情景2：

销售员乙走了过来，成功扭转了局面：

销售人员乙："我刚才听到了你们的对话，非常理解您的心情，我在购买产品的时候也遇到过您这样的情况，听到别人说产品不好的时候，我也不想买了。其实，有时候传言并不可信，有时候是以讹传讹。比如我们这款产品，质量是有保证的，才刚刚上市，就备受客户青睐……"

客户："听你介绍，感觉还是很不错的。"

销售员乙："您还可以亲自感受一下，效果如何，您到时候自己最清楚了。"

经过销售员乙的一番劝说，客户最后竟然同意购买产品。这就是两种截然不同的销售说辞带来的不同效果。

因此，销售人员在面对客户提出的各种异议时，要保持冷静，采用适当的方式来对待。尤其对于客户提的错误的异议、尖锐的批评，更要慎重对待，一旦处理不好，就会有损产品的形象，甚至会让客户远离自己。

> **小贴士**
>
> 　　对于客户提出异议这种情况，最好的处理方法就是在客户可能提出某些反对意见之前，事先便将它指出来，并给出合理的解释，通过这种方式主动消除客户的顾虑。这样，不仅能避免客户提出反对意见，而且销售人员坦率指出产品的某些不足，还会给客户留下诚实、可靠的好印象，更能赢得客户的信任。

　　打太极拳的最高境界是以柔克刚，在销售中，当客户拿出横扫千军的气势，提出看似无理的异议时，销售人员也应做到像打太极那样"以柔克刚"地回应客户。以下两种方法有助于销售员处理客户的异议。

1．转折处理法

　　这种方法也叫作间接处理法，是消除客户顾虑的一种比较委婉的处理方法，就是首先接受客户的异议，然后再对其进行解释说明，以打消客户的顾虑。

　　不过，销售员在运用这种方法时，常常会使用这样的句式："是的……但是（可是）……"这是不足取的，因为"但是"或者"可是"无形中会产生很大的杀伤力，这也是客户在你接受或者赞同他的异议之后，依然选择拒绝的原因。

如果你在开始认同客户的异议的时候，客户立刻想到你接下来会说"但是"，他就会认为你过分对他使用技巧，很可能对你产生反感情绪。

因此，当我们在使用这种方法的时候，最好不要在语言表述中出现明显的"但是"或者"可是"等词语，而是应在字里行间隐含转折的意思。

我们可以使用以下句式：

（1）"是啊……最后……"。

比如，客户嫌产品太贵，销售人员可以对客户说："是啊，很多客户一开始也是这么认为的，最后，经过对比分析之后，他们认为买我们的产品还是比较划算的。"

（2）"是啊……如果……"。

比如，客户说所买的睫毛膏用起来比较干，销售员可以这样回应："是的，是有这种现象，如果您每次在使用之前将其来回拉动几下的话，使膏体充分附着在睫毛刷上，那样就不会感觉到干了。"

（3）"是啊……只是……"。

比如，可以对客户说："是啊，先生，我理解您的意思，只是我想要补充说明一点……"

2．询问法

这种回应方法是从客户的异议中找出让其产生误解的地方，然后通过询问的方式来征求对方的意见。

比如，客户对一把塑料把柄的锯产生怀疑："为什么这把锯要用塑料的把柄，而不是用金属把柄呢？是为了降低成本吧？"销售人员可以这样回复他："您有这样的疑问不足为奇，很多客户也都会这样问。不过，改用塑料把柄绝不是为了降低成本。您看，这种塑料非常坚硬，和金属的一样安全可靠。您买的时候是选择既笨重价格又贵的锯，还是选择既轻便又便宜的呢？"

情景练习

地点：某图书大厦。

背景：图书导购员小夏在向一位带着八九岁小男孩的妈妈推销一套课外读本。这个年轻的妈妈拒绝道："我儿子连学校的课本都没兴趣看，怎么可能会去看课外读本？"

问题

如果你是这个导购员，你会怎么回应？

参考答案

可以对她说："正因为这样，我才更应该向您推荐这套书，因为我们这套课外读本就是为了激发小朋友的学习兴趣而特意编写的。"

第八章

拒绝处理：有理有据，说服客户的去意之心

有人说，销售是从被拒绝开始的。销售人员不仅要有一定的销售硬实力，还要有一颗强大的心。只有找出拒绝背后的真实理由，才能逐一击破，将客户拒绝转化为成交。

"我随便看看"：用心对待是关键

> 拒绝是推销的开始。服务是利润的开始。
>
> ——销售名人　杨天浩

很多销售人员都有这样的经历：有时候我们热情地笑颜以对，顾客却毫无反应，或者一言不发，或者冷冷地回答一句"我随便看看"。这种场面着实让人非常尴尬。

事实上，除了性格较为内向、不善言谈的人之外，其余大多数人的这种反应往往出于情感上的警戒意识，也就是一种戒备心理。很多消费者都会对销售人员产生戒备心，他们总是害怕一开始就落入销售人员的圈套，所以对销售人员采取了一种消极的态度。要想化解顾客的这种戒备心理，销售人员首先应该从顾客的行为中尝试分析他们属于哪种类型的顾客，然后再通过情感感化的方法朝着有利于活跃气氛和顾客购买的方向转化。

1．顾客冷对销售人员的原因

顾客会出现这样的反应，除了心理上的原因之外，还可能是以下三种原因造成的。

（1）不需要销售人员介绍产品。

有的顾客对自己要购买的产品相当熟悉，根本不需要销售人员的介绍，自己选择、比较就行了，需要和销售人员沟通的时候也只是在讨价还价和支付的阶段。

（2）收集信息。

有的顾客上门仅仅是为了收集想要购买的产品的信息，比如，所要购买的产品是什么样子的，各家卖场的报价是多少等各种产品比对信息，以作他用。

（3）简单地只是逛着玩。

有的顾客就只是逛着玩，并没有明确的目标和想要购买的物品。

因此，针对具有不同目的和特点的顾客，销售人员要采取不同的话术来接近顾客，进而促成交易。

不管出于何种原因，如果客户说自己"随便看看"，销售人员就不能真的任其这样做，因为这样做的后果很可能是顾客由"随便看看"变为"随便走走"，最终走到竞争对手那里去了。

2．两种糟糕的回应方式

在实际销售情境中，销售人员要警惕两种不当的回应方式。

（1）我行我素。

顾客说"随便看看"时，其实已经摆明了不想被打扰，但是有的销售人员为了不放过任何一个成交机会，还是在顾客面前喋喋不休，我行我素地继续说下去，这样只会引起顾客的反感。

（2）置之不理。

与上面的销售人员相反，这类销售人员会直接对顾客说"那好，您先随便看看，有需要再叫我吧""哦，好的，那您随便看看吧"或者"那好，您先看看，喜欢可以试试"，然后转身去忙自己的事情。这种服务态度也是不可取的，他们把顾客晾在那里，其实相当于对顾客置之不理了。

这两种对待顾客的方式，带来的后果是一样的，那就是潜在客户的流失。这是因为，当顾客被第一类销售人员那样对待以后，很容易对那个购物场所产生厌烦心理，产生立刻走掉的冲动，甚至以后都不会轻易踏足；同样，当顾客被第二类销售人员那样对待之后，备受冷落的他们也会为了避免尴尬的气氛而迅速离去。

3．正确接近顾客的方式

作为销售人员，要接近此类顾客，需要注意以下几个方面。

（1）选好接近顾客的时机。

这个时机绝不是在顾客说出"随便看看"之后，而应在顾客浏览某件商品时表现出对其十分感兴趣的时候。此时，销售人员就可以与顾客进行沟通，根据顾客感兴趣的商品，大致推测出顾客喜欢的商品类型，因势利导，成交的概率就会很高。

（2）不要轻易打扰顾客。

在顾客挑选商品的过程中，不要轻易打扰顾客。比如，不要防贼似的盯着他们的一举一动，亦步亦趋地跟着顾客；不要问"您需要帮助吗"等无关痛痒的话，这只会惹顾客生厌。

（3）尝试再一次接近顾客。

如果对于第二次接近，顾客依然回答"我随便看看"，这时，销售人员就要尝试着将话题尽量朝着活跃气氛的方向进行。

> 💡 **小贴士**
>
> 对于"随便看看"的顾客，销售人员可以采用一个固定的模板来回应，那就是："没关系啊，您买不买都无所谓，在购买一件产品之前，的确需要了解一下产品，多做做对比，这样才能买到中意的产品。"

情景练习

地点：某大型商场。

背景：一个女士经过某化妆品专柜时，导购员热情地说："您好，女士，我们的产品正在搞促销活动，优惠特别多。"女士拒绝道："你们这个品牌的产品我从来没听说过啊，而且我就是随便看看。"

问题

如果你是这个导购员，对于这位女顾客的拒绝，你会怎么回应？

参考答案

可以对她说："那也没关系，您时间宽裕的话可以先了解一下我们的这一款产品，就当您学习一点美容知识了。"

"没有时间"：创造时间留住客户

> 没有异议，就没有顾客。
>
> ——销售天王　金克拉

在实际销售中，"没有时间"也是客户拒绝销售人员的一个常见理由。在面对客户"没有时间"的拒绝时，有的销售人员会顺着客户的话说："您没有时间？好的，那就等您有时间了我们再联系！"这实际上就是在打退堂鼓。如果销售人员过于保守，不敢"进攻"，或者过于客气而变得退缩不前，那么销售就很难有进展，大好的商机就会白白溜走。

事实上，有的客户可能是真的没有足够的时间来了解产品，但是有时这只是拒绝销售人员的一个借口。对于销售人员来说，要能够迅速而准确地推断出客户究竟是真忙还是假忙，然后再采用有针对性的话语，创造时间来推进销售进程。

　　所谓"创造时间"，就是销售人员把时间作为把握商机的资本，在一开始的交谈中运用各种方法争取尽可能多的时间，让客户充分了解产品，包括产品的各种优点和特色，以及可能存在的缺点，让客户产生一种亲切感和熟悉感后达到签单的目的。

1．对于客户真忙的情况

　　对于客户真的可能有别的事情要处理的情况，销售人员可以采取以下两种应对方法。

　　（1）限定时间洽谈。

　　鉴于客户时间有限，销售人员可以向客户争取一定的时间，并在自己限定的时间内说完。比如，可以对客户说："看您这样忙，打扰您真是不好意思呢！这样吧，请您抽出五分钟时间听我说几句话，好不好？说完我立刻就走。"对于那些真正忙碌的客户，如果你事先和他约定好谈话的时间，他很可能愿意抽出这几分钟时间听你说话，否则，"不晓得这个人会和我啰唆多久"的心理，会使他选择离开。

　　（2）适时离开。

　　当客户说自己没时间的时候，销售人员应及时告辞："打扰您真抱歉，那我就改天再来拜访您。"不要等客户生气说出"我说不要就不要"的话之后才离开。更重要的是，通过这样说，销售人员给客户传递了这样一个信息：不久之后，我还会再次拜访。同时，销售人员要牢记，离开时的态度要好，不要让对方产生厌恶的感觉。

2．对于客户假忙的情况

事实上，大多数销售人员在销售的过程中都会发现，客户假忙的概率远远高于真忙。这就需要销售人员通过巧妙的话来说服客户，争取各种机会，赢得交流的时间，必要的时候可以退一步，试着请客户允许自己先寄资料再联系。

（1）用利益吸引客户。

比如，可以对客户说："×总，我们忙是为了把事业做得更好，在有限的时间内创造出更大的价值，您说是吧？如果您肯花费少量时间就能了解到帮助您在减少忙碌的同时获得最大收益的方法，这不是更好吗？"

再如，还可以对客户说："我是想给您介绍一款帮您节约成本、给您带来可观利润的产品，否则我不会联系您，不会浪费您宝贵的时间的。我保证我们接下来的谈话不会让您失望的，您看您哪天比较方便，明天还是后天？"

（2）先对客户没时间表示理解再进一步说服。

每个人都渴望能得到他人的理解和肯定，所以对于客户"没有时间"的说法，我们不妨先予以肯定和理解，当我们再进一步说服的时候，他们就会更容易接受。

比如，我们可以这样对客户说："您说自己很忙，我非常理解，作为一个企业的负责人，您每天都有很多的事情要处理。我这次与您通话正是要为您带去一些减轻工作繁重的方法，包括企业如何选对人才、培养优秀人才，如何降低成本、提高效率，等等，相信这些方法会对您有所帮助的……"

地点：客户钱总办公室。

背景：销售人员小于敲响了钱总办公室的门。见面第一句话，小于自我介绍道："钱总，您好，我是××公司的小于，请问您现在有时间吗？"钱总拒绝道："没有，我现在很忙，马上要开会了。"小于一时不知道谈话该怎么进行下去。

问题

如果你是小于，你会怎么避免这种无话可说的尴尬局面？

参考答案

可以首先向钱总做自我介绍："钱总，您好，我是××公司的小于。"这时，对方通常会问："有什么事吗？"这时就可以这样对客户说"是这样的，听说贵公司最近在找××方面的服务，我们公司……"

"我再转转"：用产品的质量打动他

> 挑剔的才是好客户，因为他给了你改进质量和服务的机会。
>
> ——美国管理学者　黑尔策尔

"有时候，顾客明明看起来非常喜欢我们的产品，甚至反复询问价格，就在我准备少赚一点卖给他的时候，结果他说我再转转看看，这到底是怎么回事？我该怎么回应呢？"很多销售人员都会有这样的困惑。

事实上，对于顾客来说，其购买产品的过程本质上就是一次投资的过程，他付出了金钱成本、时间成本和机会成本，当然希望获得的收益最大化，所以，出现货比三家的情况就不足为怪了。

遇到这种情况，销售人员通常会出现三种回应方式。

第一种：选择默默地站在原地看顾客离开。

第二种：会这样对客户说："转哪家不都一样吗？不要转了，您要诚心买，我给您便宜点儿。"

第三种：采用各种说话技巧，留住顾客。

不同的回应方式会产生不同的销售结果。第一种回应方式的结果只能是眼睁睁地看着客户从眼前溜走。在第二种回应中，用"转哪家不都一样吗"这句话来挽留客户，理由太牵强，无法打动客户。"不要转了，您要诚心想买，我给您便宜点儿"这句话虽然能在一定程度上打动客户，将其挽留下来，但是给客户讨价还价提供了有利条件，也使自己接下来的销售陷入被动局面。第三种回应则很可能会改变客户的看法，当场促成交易。

优秀的销售员通常会采用第三种回应方式，他们在应对客户"再转转看看"的拒绝时，常常会使用各种技巧，来挽留顾客，实现成交。

1. 对客户的做法表示理解

比如，一个客户在一家摩托车专卖店看上了一款车，在听了销售人员的一番介绍后，他表示还想去别家看看。这时，销售人员就不应该真的让他那么做，而是应该想方设法让客户说出他真正拒绝的理由。

销售人员："先生，您是不是对我们这款摩托车有不满意的地方？我知道，想要买一款自己喜欢的车并不是一件容易的事情，您有哪些要求，请直接告诉我，我一定帮您选一款满意的。"

客户："不是，只是这里没有我喜欢的那一款。"

销售人员："那么您喜欢什么样子的？"

客户："我喜欢……"

当客户说出自己心仪的摩托车的款式要求的时候，销售人员可以将其带到相似的车型前，帮他下定购买决心。

2．强调产品的质量

当客户说出"我想到别家看看"或者"再转转看看"的时候，销售人员要弄清客户拒绝背后的真实想法，也就是客户想要去别家看的是什么，是价格，是质量，还是服务。当销售人员问客户"您能否告诉我您再想看看哪些方面"的时候，客户回答的第一句话或者第二句话通常就是他们拒绝的真实原因，除非他们只是为了摆脱销售人员。

如果客户对于产品的价格不满意，销售人员可以对他说："先生，每一个消费者都希望买到物美价廉的物品，您去别家看看，或许他们的价格会比我们的低一些，但是我敢打保票地说，绝对没有第二家能够以这么优惠的价格来为您提供质量这么好的产品和优质的售后服务了。"

在说完这句话之后，销售人员最好给客户留下足够的反应时间。然后，销售人员就可以进一步说服客户："先生，您不认为以这样的价格来购买我们的产品或者服务，是非常划算的吗？"

在一般情况下，如果所售卖产品的质量和服务确如销售人员所说，那么客户就不会做出否定的回答。接下来，销售人员就可以继续说服客户购买。比如，销售人员可以对客户说："先生，每个人在购买产品时都会考虑价格的问题，但是那并不是我们要考虑的首要因素，有时多花一些钱买来自己真正想要的优质产品，是十分值得的，您说是吧？就像一些采购员所做的那样，他们总是致力于从供货商那里以最低的价格拿到商品，对商品的质量和售后服务并没有过多考虑，结果就是，低价位产品产生的问题往往比它能够解决的问题还要多。而那些精明的采购员则总是乐意采购那些高品质的产品，而不是低价位的产品。先生，您一定不会因为贪图那一点儿便宜，而不顾产品质量好坏和服务优劣，是不是？您肯定会为了您的长期利益着想，您同意吗？"

3．摆出一种高姿态

当客户说"不好意思，我只是想试一下效果，我再去别家看看"的时候，销售人员可以这样回应："既然您对这件商品的效用有些顾虑，那么我现在就给您比较一下两种不同价位的产品的效果。您看，这是50元的，而这个是100元的（做产品演示），您看效果是不是明显不同？要是您还不相信的话，可以去别家看看，反正我们的产品不怕试，也不怕比。即使您到别家去，比较之后，您还是会回来的。"

在这里，销售人员向客户摆出了一种高姿态。这在销售中是一种十分有效的销售方法，一般来说，客户在听到销售人员这样说之后，都不会再有所顾虑，从而下定决心购买。

情景练习

地点：某电器商城。

背景：客户王小姐想要买一台彩电，她特意请来懂行的朋友苏先生来帮忙挑选。但是他们看了某彩电专卖店的彩电后，还是决定货比三家，去别处看看。

问题

如果你是这家彩电专卖店的销售人员，你会怎么说来留住王小姐和苏先生？

参考答案

可以热情地说："王小姐，看来您这位朋友苏先生还是内行啊，怪不得您请他当参谋来帮您一起选购。请问苏先生，您觉得哪一款更适合王小姐呢？我们不妨交换一下看法，一起帮王小姐挑选一款最适合她的好产品。"

"我已有供货商"：展示自己产品的优势

什么叫成功？无非是你这次没有失败。

——美国最杰出推销员　齐格·齐格勒

　　面对客户"我已有供货商"的拒绝理由，有不少销售人员会打退堂鼓，从而失去了和大客户合作的机会。这是因为，客户的这句话仅仅只是表明他对目前的供货商提供的产品和各项服务比较满意，但是并不意味着他会永远满意。其实，这句话所隐含的意思是，当前的供货商是他所能找到的最好的供货商，他并不了解你或者你公司所能提供的产品或者服务，而你可能会提供给他更好的产品、价格、送货服务、售后服务等。如果你能够设法打开客户的话匣子，就能很容易找到突破口，也可能就此开始一段长期的合作关系。

　　和面对客户其他的拒绝理由一样，销售人员同样要找到客户拒绝的真正原因，然后再想办法解决这一难题。对于"我已有供货商"这一拒绝理由来说，销售人员首先要做的就是了解客户的供货商为什么能令客户那么满意，这样才能为下一步的应对策略提供依据。

以下是客户对当前供货商比较满意的一些原因。

（1）价格合理或者性价比高。

（2）过硬的质量，贴心的服务。

（3）有特殊的合作关系或者私人关系。

（4）连续多年与其合作。

（5）还没有接触到其他更好的供货商。

（6）该供货商能在其困难的时候给予帮助。

（7）有存货，所以送货快。

（8）量身定制的服务或者有特别优惠的服务。

（9）经他人介绍认识。

（10）惰性使然，不愿意更换或者寻找更好的供货商。

在回应这一拒绝前，销售人员首先要确定自己遇到的情况属于上述理由中的哪一种，然后再具体情况具体分析，采取相应的应对策略。

一般来说，销售人员可以通过以下三个步骤来化解客户的拒绝。

1. 询问目前供货商的情况

销售人员首先应询问客户关于他目前供货商的情况，取得第一手资料。比如，询问客户"对于目前的供货商，您最喜欢他的哪一方面"，或者"您最喜欢他们哪一点"。

2. 询问客户选择的过程

通过客户对这个问题的回答，销售人员可以摸清客户衡量供货商的标准，同时引发客户思考供货商未来的表现，而不是仅仅局限于眼前。

3. 给客户提供另一种选择

有了前面两个步骤做铺垫，这时，我们就可以对客户说："先生，即使我们对目前的供货商比较满意，我们也还是可以拿另外一家供货商作为参考，给自己多一个选择，以确保自己真正能够得到最好的商品、最合理的价格和最好的价值，您说对吧？"然后，销售人员就可以趁机推销自己的产品或者服务。

比如，可以对客户说："我们最近引进了新技术，我们的产品的功能远远超过你们现有的设备，如果您能给我一个机会，我非常乐意示范给您看。"

当然，销售人员要能提供样品或者能够向客户证明自己的产品更有价值。如果有与其他客户合作的资料，可以展示给客户看，并向其强调自己与目前的客户都有长期的合作关系，并表明希望取得和客户拥有同样合作的机会。销售人员可以抓住机会向客户提供试用品或者试用服务，或者签一个小的订单，以此让可靠的产品或者优质的服务来证明自己的话并非虚假。

在这个步骤中，销售人员要做好两个方面工作：展示自己产品的优势和能带给客户的利益。比如，销售人员可以这样说来进行推销。

"我们的产品具有××、××、××等功能，它使用的是目前世界上最领先的技术，这项技术先后获得了××、××等多项大奖，能为消费者解决××、××、××等方面的问题。"

"这是我们最新推出的产品，它最大的优点就是××，而且还可以××，并且根据年轻人的喜好和网络时代的特点提供了××功能。"

"我们这款产品在市场上畅销多年，在受众中口碑良好，拥有众多忠实的客户……"

情景练习

地点：某敬老院。

背景：高松是一家家用电器公司的推销人员，他偶然得知，某社区敬老院要预购一批洗衣机，于是上门推销。从院长老陈口中得知，已经有三个洗衣机推销人员先后向院长推销洗衣机。院长对高松说："你也和他们一样，留一张名片，等我考虑好了再给你打电话吧！"

问题

如果你是高松，你会不会留下名片离开呢？

参考答案

留下名片离开显然是不可取的。面对四种不同的选择很难说院长会选择哪家的，只有突出自己产品的优势才能让对方选择自己的产品。可以先和客户闲聊，比如，对院长说："你们原来有洗衣机，为什么要换呢？"

（表达要点：找到他想要更换洗衣机的真实原因（客户的痛点）后，再结合自己产品的优势（制造客户的兴奋点）来进行推介，就会容易得多。）

"我再考虑考虑"：探询客户真正的顾虑是关键

> 有些事情是不能等待的！假如你必须战斗或者在市场上取得最有利的地位，你就不能不冲锋、奔跑和大步行进！
>
> ——印度诗人 泰戈尔

很多客户在销售人员提议成交之后，都会做出拖延购买的决定，他们常常会说出"我再考虑考虑""让我再想一想"之类的话。事实上，这些话都只是借口，并非拒绝的真实理由。销售人员只需找出真正的拒绝理由，并有创意地加以解决，就有推销成功的可能。

某复印机销售人员小杨想要向某公司负责办公用品采购的采购员穆先生推销一款新式复印机，穆先生听小杨介绍了半天，也表现出了极大的兴趣，但是最后还是给出了经典的托词"我再考虑考虑"。小杨并没有就此放弃，而是与穆先生展开了这样的谈话：

小杨："我很高兴能听到您说'考虑考虑'，这代表您对这款复印机还是有兴趣的，要不您怎么肯花时间去考虑呢？我能这么理解吗？"

穆先生："可以这么说。"

小杨（以开玩笑的语气说）："您那样说不会是想要拒绝我吧？"

穆先生："哦，不是的，当然不是。"

小杨："穆先生，我知道这是一个需要慎重考虑的决定。复印机并不是一个单纯的复印机器，从公司发出的每一个复印件都代表着公司的形象。这一点，您也一定认同吧？那么，您有哪方面的考虑呢？是要和公司里的其他人一起考虑一下吗？"

穆先生："不，只有我一个。"

小杨："我知道您是一位资深的采购人员，而我对复印机行业也有一定的专业经验。在我6年的从业经历中，很多客户在考虑的时候都会发现一些重要的问题，却没有人可以帮忙解答这些问题……既然如此，为什么不让我和您一起考虑考虑呢？这样的话，如果您发现一些关于复印机的问题时，我就能随时帮您解答它，您觉得怎么样？那么现在请您告诉我，您主要考虑的是哪方面的问题？"

至此，销售人员小杨已经成功扭转了被客户拒绝的不利局面，并将在客户接下来的回答中发现其拒绝的真实理由，这将为小杨接下来说服其购买提供重要的参考依据。

说"我再考虑考虑"不急于购买的客户，主要问题仅仅在于他是否下定决心购买。对于客户这样的托词，销售人员可以采用见招拆招的方法，兵来将挡，水来土掩。

1．找出问题的关键

俗话说："趁热打铁。"做销售也是一样的道理。当客户说出"我再考虑考虑"的时候，销售人员应该在其拒绝意见萌生之际就将对方的话头打住，否则任其滋长蔓延，客户的购买欲就会越来越淡，交易也就无从谈起。

这时，销售人员可以采用以下话语来找出客户拒绝背后的真实原因。

话语一：

"一定是我说得不够清楚，使您有一些不太明了的地方，要不然您也不会说'再考虑考虑'。那么可不可以让我把这一点说得更详细一些以帮助您考虑呢？我想这一点对于了解我们产品的影响还是很大的。"

话语二：

"请原谅我不太会讲话，没有将一些问题讲清楚，让您产生'再考虑考虑'的想法。那您能不能将您的顾虑告诉我呢？让我和您一起分析，共同解决这些问题。"

话语三：

"您要考虑哪方面的问题呢？要不您先看看样品，看完再说吧。这个产品的特别之处在于……"

2．紧追不放

在很多时候，当客户说"我考虑一下，决定购买时再和你联系"时，销售人员不能真的离开，任由客户考虑，因为客户考虑的结果很可能是购买了别家的产品，所以销售人员要紧追不放。

比如，去拜访客户时，客户说"考虑考虑"，要求销售人员下次再来，这时，销售人员可以对客户说："×先生，那请您好好考虑吧！我就在这里等着您考虑后的决定。"并且告诉对方，自己留在那里的原因就是要帮助他解答考虑过程中出现的问题。

有时候，甚至可以逼迫客户做决定："×女士，与其以后考虑，不如请您现在就好好考虑一下，您看起来那么忙，我想您是没有时间考虑这个问题的。"

情景练习

地点：某售楼处。

背景：邓女士想要买一套两居室，在比较了几套房之后，看得出来她对其中一套房比较满意。与销售人员经过一番讨价还价之后，眼看就要签购买合同了，邓女士却犹豫了，她说想要"再考虑考虑"。

问题

如果你是这个销售人员，你会怎样劝说邓女士下定决心购买？

参考答案

可以对她说："您有这样的顾虑，我非常理解，毕竟买房是人生中的一件大事。看得出来，您还是挺喜欢这套房的。如果您现在就买，可以获得××的优惠。我们这个促销活动马上就要结束了，因为想享受这个优惠的人太多了，如果您不及时做决定，很可能会错失这个大好机会。"

第九章
促成交易：让客户心甘情愿掏腰包的话语

销售的过程中让客户心动还不够，因为其最终目的是成交。因此，销售人员要善于捕捉使客户成交的信号，然后"临门一脚"，让客户拿出实际行动。

把握成交信号，找到那个适合成交的瞬间

> 人们买的不是东西，而是他们的期望。
>
> ——著名营销大师　物德·莱维特

　　在销售的过程中，成交的时机总是若隐若现，让人难以把握。那些销售高手都很清楚，客户是否愿意购买往往就在那么一瞬间。这个瞬间稍纵即逝，而且这种仅此一刻的情形出现的概率很小，在20次的销售中才出现一次，其余19次都会出现许多隐蔽成交契机，所以销售成功的关键在很大程度上就在于把握这些稍纵即逝的瞬间。

　　有一个心理学名词叫"心理上的适当瞬间"，它是指人与人在思想上完全达到一致的时机。对于销售来说，这个心理学名词具有特定的含义，指的是客户与销售人员在思想上完全达到一致的时机，即在某个瞬间，买方和卖方在思想上非常协调一致，那么这个瞬间就是成交的最佳时机。如果销售人员不能在这一特殊时机促成交易，那么成交的希望就会落空，而且再次成交的希望也会变得渺茫。

　　那么，销售人员如何才能捕捉到那个适合成交的瞬间呢？事实

上，成交时机的到来往往伴随着一些特征的变化和信号。一般情况下，客户的购买兴趣不是一开始就有的，是随着对销售人员和产品的深入了解而逐渐高涨的，而且购买时机一旦成熟，客户的心理活动就会趋向明朗化。这种心理会通过外在的变化表露出来，这就是成交的信号。

犹太人一直被视为"世界第一商人"，他们有着自己智慧的生意经。对于购买信号，他们认为，客户的购买信号具有预见性，当客户已经决定购买或者有了购买意向但是不十分明确的情况下，常常会不自觉地通过语言、表情、行为、姿态等表现出来。这些信号可以分为语言信号和非语言信号。

1．语言信号

语言信号的种类有很多，有直接询问的，有表示关切的，甚至有提出反对意见的。如果销售人员能够诱发并及时捕捉到这些语言信号，就可以顺利实现成交。

（1）表示询问的语言信号。

比如，当客户询问"你们有现货吗"，他其实表现出来的就是一种十分感兴趣的迹象，这就是一种成交的信号。

再如，当客户询问身边的人"你们看怎么样"，这其实是在寻求认同，显然，他的心中已经对那件商品表示认同了。

（2）表示关切的语言信号。

客户若关切地询问产品的市场反应如何，制造厂商是哪一家，产品的普及率和市场占有率，或者问及付款方式、商品的折旧率、售后服务等情况，表明他购买的欲望很强烈。因为，如果客户不想达成这笔交易，又何必多费口舌来询问这些问题呢？

（3）表示反对的语言信号。

比如，客户突然开始杀价，或者说出商品的一些小瑕疵，这种看似是反对的意见，实则是客户在做最后的争取降价的机会，最后销售人员会发现，即使不给客户降价，不对他所说的小毛病做更多的解释，他也会购买商品。

再比如，客户开始对其他同类产品大加褒奖，这其实也是一种成交的信号，是客户想要争取利益最大化的最后一搏。不然，既然别家的产品那么好，他为什么不直接去购买，而要费尽周折呢？

除此之外，还有一种隐蔽性很强的成交信号，那就是当客户直叹"真说不过你"的时候，这是一种心甘情愿地认输的委婉说法，表明他已经决定购买了。

2. 非语言信号

非语言信号通常包括表情信号和行为信号。

（1）表情信号。

从客户的面部表情上可以辨别出其购买意向，眼睛直盯着看、嘴角微翘、点头赞许等都和客户的心理感受有关，这些都可以视作成交的信号。

一般来说，眼神的变化最能够直接透露客户想要购买的讯息。客户眼睛眯成一条线，表明他还在认真考虑，没有下定决心购买；如果客户对商品十分感兴趣，他的眼神就会大放异彩；如果销售人员在和客户交谈时，发现客户的视线总是随着自己的动作或者指示而移动，就表明客户对所介绍的商品比较感兴趣。

（2）行为信号。

当销售人员把资料给客户看时，通过对方的动作，销售人员可以看出他是否对此感兴趣。如果客户只是简单地翻几页，很快就将其搁在一旁，就表明他不认同资料内容或者根本没有兴趣。相反，如果客户表现得如获至宝般细细品读，并频频发问和探寻，则是一种有利的成交信号。

此外，客户坐在离销售人员较远的地方，或者跷着二郎腿和销售人员交谈，或者慵懒地靠在沙发上，或者只愿意站在门边与销售人员交谈，这些都代表了客户的一种消极反应，表明对销售人员仍然怀有一定的抗拒心理。相反，如果客户对销售人员所说的话频频点头应和，表情专注而认真，身体略向前倾，则表明客户对产品的认同度比较高，身体距离拉得越近，客户购买的信号也就越明显。

情景练习

地点：某首饰店。

背景：销售人员小章向顾客华太太推荐了一款贵重的项链，并且告诉华太太："这款项链简直就是为您量身定制的，更显出您的尊贵气质，要不您先试戴一下？"试戴以后，华太太看起来非常满意，在镜子前照来照去，并且还说自己的闺蜜李太太有一条类似的项链，她要打电话问问李太太花多少钱买的。

问题

如果你是小章，你会在这时提出成交请求吗？

参考答案

应该及时提出成交的请求，因为客户已经有了明确的成交信号，包括"在镜子前照来照去"和"要打电话问问李太太花多少钱买的"，这些都表明华太太有了强烈购买的意愿。这时，小章就可以趁机提出成交请求。

掌握促单技巧，帮客户下定购买的决心

> 即使赠品是一张纸，顾客也是高兴的。如果没有赠品，就赠送笑容。
>
> ——松下电器创始人　松下幸之助

促单过程是销售过程的一部分，也是大多数人不喜欢成为一名销售人员的原因。现实情况往往是，无法成功达成交易才是销售人员不喜欢的部分。其实，有很多营销技巧都有助于销售人员达成交易。

在介绍营销技巧之前，我们首先来判断一下自己属于哪种类型的销售人员。一般来说，现实生活中存在四种不同类型的销售人员。

第一类：只负责回答问题

这一类销售人员不会为客户进行产品演示，与客户没有互动。除了回答客户主动问起的某个问题之外，他们不会主动与客户进行任何有益于成交的互动。他们丝毫不担心成交，因为这根本不是自

己想要做的事。

第二类：与顾客互动，并能为其提供帮助

出于对销售人员职业的厌倦，以及不愿成为咄咄逼人的逼迫客户成交的众多销售人员中的一员，这类销售人员会在为客户进行产品演示后让顾客自己决定是否购买。

第三类：没有互动，生硬地成交

这是顾客最不喜欢的销售人员类型，他们与顾客之间几乎没有互动，从说出问候词"您好"之后，第二次互动就是直接要求与顾客达成交易。

第四类：合理、专业销售，完美成交

这是一类专业的销售人员，他们会与顾客展开一次良性的互动过程，然后再把请求成交作为一次完美演示的顺理成章的结尾。

相比较而言，第四类销售人员是顾客眼中最受欢迎的销售人员，然而，事实上，零售商店里的大多数销售人员都是属于第二种类型。既然如此，还不如做第三类销售人员，至少还可以提出成交，因为销售的最终目的就是成交。

下面是一些常见的行之有效的成交方法。

1. 直接发问法

这种成交的方法就是直接向客户提出成交请求，这是一种最简单、最基本的成交技巧。采用直接发问法，有以下好处：一是可以有效地促使客户做出购买反应，达成交易；二是大大节省了销售的时间，提高销售效率；三是能够充分发挥灵活机动的特点，消除客户的顾虑；四是可以充分利用各种成交机会，有效促成交易。正是这些特有的优越性，使得直接发问法成为销售人员普遍使用的销售成交方法。

在使用直接发问法提出成交请求的时候，需注意使用的对象和范围。一般情况下，以下几种情况可以使用这种成交技巧。

（1）比较熟悉的老客户。

（2）销售人员在处理完客户重大异议后。

（3）客户在听完销售建议后没有对此表示异议，而且并没有提出异议的意向。

（4）客户对商品比较感兴趣，已经有了购买意愿，但是不愿提议成交。

（5）客户通过语言或者非语言信号发出了成交信号。

2. 汇总利益法

销售人员可以将在销售过程中获得客户认同的产品的各项优点进行汇总，这会使顾客感觉物有所值，增强客户的购买欲，从而做出购买决定。

比如，销售传真机的销售人员可以这样对客户说："……这台传真机里面有30页A4纸的记忆存档装置。有了这个装置，你再也不用担心纸张用完而接收不到重要的信息了，也就免除了您贻误商机的烦恼。而且，价格方面您也最清楚，我给您的是最优惠的价格……"

3. 避重就轻成交法

这种成交技巧就是根据客户的心理活动规律，先在次要的问题上达成一致，进而促成交易。

比如，日本丰田汽车公司在进军美国市场的谈判中就采用了这种方法。当时，在与美国某汽车公司进行联营的谈判时，该公司在次要问题上做文章。在次要问题上与美国公司达成一致意见后，然后主攻重点问题——价格问题。

避重就轻成交法在下面几种情况下尤其适用。

（1）交易量较大或者大规模的交易。

（2）客户不愿意直接涉及的购买决策。

（3）次要问题在整个交易过程中具有重大作用的交易。

（4）其他一些无法直接促成的交易。

情景练习

地点：某茶叶店。

背景：一个客户想要买一些茶叶。销售人员为他分别推荐了单品茶叶和套装茶叶，但是客户一时拿不定主意，不知道选哪一种。

问题

如果你是这名销售人员，你会怎么向客户推销以促成这笔交易？

参考答案

可以对客户说："现在正赶上新茶刚上市，与往年相比还处于较低价位。根据以往的经验，一般接下来的两个月会出现大涨的情况。所以，我建议您直接要这个套装的茶叶，因为这个套装的茶叶不仅量大，而且单价也低。"

欲擒故纵，用商品的稀缺性诱导客户购买

> 从本质上讲，营销是一门研究买和卖的科学和艺术——对消费者、渠道成员、公众以及相关群体的关注与研究，其根本目的仍旧是把自己的产品（服务）卖得更好。
>
> ——联纵智达咨询集团董事长、首席营销顾问 何慕

大部分人都有这样一种心理：越稀有的东西越有价值；越是难以得到的东西越想要得到它；越是不愿意透露的事情越好奇，越要知道。

在营销活动中，有时销售人员拼命推销某一件商品，消费者购买时越小心谨慎。然而，当销售人员说"对不起，这件商品被其他顾客订购了，要不您看看别的吧"的时候，客户就会觉得被订购的那件商品是最好的商品。

因此，销售人员要善于利用客户的这种心理，采用欲擒故纵的方法，促使客户下决心购买。这种方法就是故意放慢速度或者对客户冷漠以对，然后再激起客户的兴趣，从而促成和客户的交易。

在与客户沟通的过程中，如果销售人员一味步步紧逼，就会给

客户带来很大的压力，若压力过大，客户就会心生反感，放弃和销售人员的沟通。销售人员使用欲擒故纵的方法，可以让客户暂时放松或者暂时对他们淡漠，从而消除他们的反感和警惕之心，以此达到"擒"住客户的目的。

1. 几种常见的欲擒故纵法

在销售过程中，销售人员不妨采用以下几种欲擒故纵的方法来实现成交。

（1）产品试用法。

产品试用，是一种比较好的欲擒故纵法。当有产品试用活动时，很多消费者都会十分愿意参加。在试用的过程中，客户如果对产品的功能和特性比较喜欢，试用结束后，他们往往会将其买下，并可能带来一系列的口碑效应。所以，产品试用法往往能够较快打响产品的知名度，提高市场占有率。

（2）赠品和打折法。

这是销售人员最常采用的欲擒故纵法，它利用了顾客贪小便宜的心理，也就是希望花同样的钱实现利益最大化。事实上，那些赠品往往只是一些微不足道的物品，但是也正是由于这些赠品的吸引，刺激了消费者的购买欲，使他们做出了购买的决定。

在日本东京，有一家商店采用了一种独特的打折方式，即制定一种特定的打折期限，第一天打九折，第二天打八折，第三天打七折，第四天打六折……依此类推。

顾客想要在打折期间买自己喜欢的商品，可以在特定的日子去选购。比如，如果想要以最低的价格购买商品，就可以在打一折的时候去购买。但是，想要买的物品不一定能保留到最后一天。

这种促销措施有效抓住了顾客的心理，因为大多数人不会在第一天或者第二天折扣较高的时候去买东西，但是在第三天，也就是打七折那一天，不少人开始沉不住气，他们害怕自己想买的东西被别人买走，于是就一窝蜂去买，尤其到第四天，更是会出现抢购的热潮。

（3）限量销售法。

给客户一些小恩小惠，容易使他们接受销售人员所售卖的商品，这虽然是一种很好的方法，但是还有一种更加高明的方法，那就是限量销售法。这种方法就是运用"物以稀为贵"的道理，通过销售限制数量的商品，来诱惑消费者，从而提高产品的知名度和受欢迎程度。

小贴士

在使用限量销售法的时候，销售人员可以适当表现出冷淡的态度，这样会使顾客产生患得患失的感受。他们会认为，与那些过于热情主动的销售人员相比，这类销售人员销售的产品在质量和价格方面都有优势，因为好的产品通常是不急于销售出去的。这时，顾客很可能会主动和销售人员交流，商讨购买的相关事项。

2. 运用欲擒故纵法的注意事项

欲擒故纵法本质上是一种心理战术，销售人员只要抓住了顾客的心理，也就抓住了销售商品的机会。

不过，在采用这种方法的时候，需要注意以下几点。

（1）欲擒故纵法适用的前提。

在使用欲擒故纵法之前，销售人员首先要确定顾客的购买意向。对于那些对产品没有兴趣或者需求不明显的顾客，销售人员最好不要使用此法，因为对他们使用欲擒故纵法，很可能造成顾客真的离开的，使顾客白白流失掉。而对于那些对产品确实有明确需求的顾客，销售人员可以考虑使用此法成交。

（2）掌握好欲擒故纵的节奏。

销售人员在使用欲擒故纵法的时候，一定要把握好轻重和节奏，懂得适可而止。因为销售人员一旦对顾客采用"纵"的话语，那对顾客来说就是一种威胁，顾客很可能因此而改变原来的购买决定。这时，销售人员就要见好就收，重新和客户谈论订单的事项。而且，在接下来的谈判中，销售人员还可以适当做出一些让步，给顾客一些优惠。

情景练习

地点：某家电商场。

背景：天气干燥，顾女士想要买一台加湿器。经过一番挑选，她看上了一款有着可爱卡通造型的加湿器，对其爱不释手。销售人员小刘见此，明白她已经有了强烈的购买欲，于是提出成交的建议，但是顾女士还有些犹豫不决。

问题

如果你是小刘，你会怎样说来促成这笔交易？

参考答案

可以对她说："女士，看得出您对这款加湿器非常喜爱，那为什么不直接买回去呢？公司下月初决定大幅度提高产品售价，所以我建议您今天就做出决定，要不然过两天再买的话，就要多花一百多元钱了。"

二选一成交法，让顾客给出你想要的答案

当有机会获利时，千万不要畏缩不前！当你对一笔交易有把握时，给对方致命一击，即做对还不够，要尽可能多地获取！

——金融投资家　索罗斯

在具体介绍二选一成交法之前，我们先看两个不同的场景。

场景一：

某天，顾客邢女士来到一家小面馆吃饭，服务员甲微笑着问："小姐，您好，请问您想吃点什么？"

邢女士点了一份面条。

"好的，请您稍等。"服务员甲收起菜单就离开了。

场景二：

有一天，顾客邢女士再次来到这家面馆吃饭，服务员乙同样笑脸相迎，热情地说："小姐，您好！您是想吃面条呢，还是想吃米饭？"

邢女士说："来份面条吧！"

服务员乙保持着微笑，继续问道："好的，那您在面条里是加一个荷包蛋呢，还是加一个大排？"

结果，邢女士不假思索地答道："加个大排吧！"

从以上两个成交场景中，我们可以看出，第二个服务员使用了一些成交技巧，结果获得了更令人满意的结果。虽然两个服务员都做了自己分内的事，但是服务员乙的做法更值得我们学习。服务员乙所使用的成交技巧就是我们本节要讲述的二选一成交法，这是一种封闭式的提问法，不管顾客如何做出选择，最后都能成交。

事实上，在她询问顾客是加荷包蛋还是加大排时，已经将顾客的思维从"加还是不加"转移到"应该加什么"上面了。

一般来说，销售人员给顾客提供的选择越多，顾客越难以抉择，难以下决心购买。所以，销售人员应给顾客提供最多三种选择，以两种选择为最佳，这就是所谓的"二选一"。

它其实包含两个含义：一是在使用这种成交法的时候，已经将顾客视为接受你的产品或者服务的人；二是用肯定回答质询法来向顾客提出问题。具体做法是，在问题中提出两种方案，让顾客从中选出一种。

在实际销售中，如果销售人员察觉到顾客的成交信号，就应该立即抓住时机，用二选一成交法促成这笔交易。

许多有经验的销售人员就十分擅长使用这种成交方法来引导顾客购买目标商品，而且屡试不爽。比如，他们通常会这样问顾客："给您包一件还是包两件？两件的话，刚好够您用一个月。"听到这样的询问，大多数顾客都会脱口而出："那就包两件吧。"

心理学认为，人们都有一种跟随最后选择的习性。所以，当我们想要别人跟随你的意愿进行选择的时候，就可以给对方两者择其一的选择机会，并且把希望对方选择的选项放在最后说。在销售中，如果采用这种巧妙的习性心理利用术，抛给顾客一个二选一的问题，往往能够使销售人员掌握绝对的主控权。

具体来说，就是用询问顾客意向的方式让顾客二选一，但是在选项顺序上要花些心思，把希望顾客选择的那一项放在后面，让顾客自动选择合你心意的那一项。

一般来说，二选一成交法包括两种。

1. 二者择其一

举个例子，假如你是一家刀具公司的剃须刀片推销员，在即将成交时，你问客户"您需要多少刀片"，就不是明智的做法。假如你询问客户"您是想要买两盒刀片还是三盒呢"，效果就会大大不同。这样的话，即使客户原本没打算买，也会在你的二选一成交法的作用下，决定至少买一盒。

类似的二选一话语还有很多，比如：

"那么，您是明天有时间还是后天有时间？"

"您是怎么付款呢，刷卡还是现金？"

"是星期二送到您府上，还是星期三？"

2. 询问客户的喜好

这种二选一成交法也被称为偏爱成交法，用此技巧主要是为了探查客户的偏好。

比如，对于服饰，就可以有多种提问：

"请问，您比较喜欢粉色，还是绿色？"

"您想要长袖的，还是短袖的？"

"您要均码版，还是修身版？"

"那么，这两件您最喜欢哪件呢？"

💡 小贴士

在使用二选一成交法的时候，如果销售人员面对的是一个有选择恐惧症的客户，他犹豫不决，对于你给的两个方案，他都无法做出选择，我们就可以替他做出选择。比如，对他说："其实这两个方案，我建议您选这个。"并告诉他选择这个方案的原因，这个原因一定要合理，只有这样，才可以快速成交。

地点：某服装店。

背景：一名女顾客来到店里，她看上了一件纯羊绒的上衣，试穿以后非常满意。问了价格才知道，这件衣服售价1988元。销售人员琴琴向其解释道："这件衣服的面料和款式是我们店最好的，而且是今年的新款，所以不能打折哦。"接着琴琴夸她穿上这件衣服很漂亮，显气质，这使顾客有些心动："这件衣服确实很好，我也该给自己买一件衣服了。"

问题

如果你是琴琴，你会怎样说来让顾客完成交易？

参考答案

可以对她说："您说得很对，女人就是要对自己好一点，您就买下吧！您是想刷卡还是付现金呢？"

让步成交法，促使交易快速达成

> 我拼命工作不是为了三餐。人生就是一连串面临并克服挑战的过程，克服了一个挑战，再面临另一个新的挑战，再去克服它，在这连续不断克服挑战的过程中，我获得了人生最大的快乐！
>
> ——日本推销大师　原一平

销售人员和客户在价格问题上必然存在一定的分歧，因为客户总希望能够以最低的价格买到最优质的产品，或者享受到最优质的服务，而销售人员则希望客户能够接受自己的报价。

为了能尽快达成交易，销售人员应该在适当的时机做出让步。那么，销售人员应该如何做出让步呢？

1. 两个让步技巧

销售人员只有掌握一些让步技巧，才能在销售过程中处于主动地位，从而能顺利实现成交。

（1）不要无原则地让步。

销售人员与客户的沟通是一种进攻与防守的博弈，有时表现为进攻模式，有时则表现为各自坚守阵地模式。但大多数时候，则表现为进攻和防守相结合的模式，下面的销售对话就是这样一种模式。

销售人员："如果您订购的数量不能达到100箱的话，就不能享受八折优惠。"

客户："如果这种产品的价格不能享受八折优惠的话，我就只能选择其他产品了。"

在上面的对话中，对于销售人员来说，100箱的销售量就是他的进攻行为，而八折优惠则是他的防守策略。对于客户来说，八折优惠是进攻行为，而不购买产品则是他的防守策略。

销售人员在灵活运用进攻和防守式的各个沟通环节中，要学会掌控整个沟通局面，而不是被动地同意客户提出的种种条件，无原则地让步。要想掌控全局，销售人员就要在与客户沟通之前，在关键问题上确定一个合理的底线。比如，产品的价格不能低于多少，不符合一定的购买条件不提供优惠或者其他免费服务，客户最晚不能超过哪个期限付清货款，等等。

如果销售人员不能事先确定一个底线，那么在销售过程中，他就很容易让自己处于非常不利的被动地位，会对客户做出让步，给自己和公司的利益带来一定的损害，出现卖出了商品却赔钱的情况。相反，如果销售人员在与客户沟通之前，已经做足了准备工作，事先确定了一个合理的底线，那么在销售过程中他就能始终坚守自己的底线，摆脱被动的不利局面，不仅能实现自身利益，还能给公司带来一定的利润。

（2）先弄清客户的全部要求。

很多销售新手不懂得让步的技巧，总是在客户提出第一个要求时就做出一次让步，提出第二个要求时再做一次让步，结果客户在提出第三个、第四个甚至更多要求时，他会发现，最后做出让步后已经没有利润可言甚至还要倒贴钱。但是，倘若销售人员不答应对方的要求，很可能前功尽弃，自己之前又付出了那么多，放弃有点可惜了。

那么，怎么才能避免这种情况的出现呢？

最好的办法就是在让步之前就问客户："您有什么要求？"当他说出一个要求之后，销售人员再接着问："还有吗？"直到对方说出自己的全部要求后，销售人员就可以和他确认："从刚才的交谈中，我了解到您对我们的产品有以下要求：一是……二是……三是……假如我们的产品能够满足以上条件，是不是就不存在其他问题了？"如果客户给出肯定的回答，那就可以进行接下来的步骤了，否则一定要继续弄清他所有的要求。

只有弄清了客户所有的要求，销售人员才能制定出有效的策略，做出真正有效的让步，达成交易。否则，不但会使自己陷入被动难堪的境地，还可能使原本有望达成的交易化为泡影。

2. 三种让步法

销售人员可以在日常销售中尝试以下几种让步法。

（1）次要问题让步法。

这种方法就是规避主要问题，在一些无关紧要的次要问题上做出让步，这样客户就会感到满足，从而达成交易。

比如，客户在有意购买一套化妆品之后，要求销售人员将价格再降一些，这样她还可以再买一瓶卸妆水，这时销售人员就可以对她说："小姐，您也知道，这套化妆品已经给您按最低折扣算的，所以不能再往下降了，实在不好意思。不过，您不是想要卸妆水吗？我们可以在这方面多给您一些优惠。"

（2）条件让步法。

这种方法的具体做法是，对方若要销售人员在价格上让步，那么销售人员要让客户满足自己一个条件才行。比如，"我们可以提供送货上门服务，但是您可不可以多进些货呢""我可以在价格上再给您优惠10%，那您能不能一次性结清货款呢"等。

（3）上级主管让步法。

这种方法就是销售人员本来可以做出让步，但是不会轻易这么做，而是把这项权力交给上级主管，这样能达到更好的销售效果。

比如，销售人员可以这样告诉客户："我实在没有这个权限，因为这已经是最大的优惠了，不过我可以请示一下经理，尽量帮您说话，争取让您满意。"每个人都渴望得到他人的尊重，如果我们在价格上无法做出让步，至少这样的做法能够给予他们尊重，满足他们的需求，调动他们的情绪，让他们主动让步，从而达到双赢的目的。

情景练习

地点：某家具用品店。

背景：客户蔡先生想要买一个床垫，最后选定了一个椰棕环保床垫。但是在准备付款的环节，蔡先生提出希望在价格上再优惠一些。

问题

如果你是这个床垫的销售人员，你会怎样说来实现成交？

参考答案

可以对他说："先生，我给您的已经是最低价了。这样吧，我以老客户的名义给您填单，让您和老客户一样，享受九五折的优惠，好吧？"

第十章
售后服务：贴心的话赢得客户二次信任

　　真正的推销活动在成交之后，与客户经常保持联系，妥善处理客户投诉的问题，留住客户的信任，这是金牌销售的销售秘诀。

不做一锤子买卖，成交之后常联系

> 我相信推销活动真正的开始是在成交之后，而不是之前。
>
> ——著名推销大师 乔·吉拉德

那些精明的销售人员从来不会在售出产品后对客户置之不理，某个有着丰富经验的销售人员说过这样一句话："最好的潜在客户就是目前的客户。"诚然，对于销售人员来说，要想在销售中获得真正的成功，你必须要让客户再次光临或者给你介绍其他客户。这是因为，和初次光顾的顾客做生意，要比和回头客或者被推荐而来的顾客做生意更加容易。这是一个不争的事实。

要想让回头客不断光临，或者由他们带来良性的口碑效应，销售人员要不时地与客户保持联系。

1．让顾客享用他的新产品

许多销售人员喜欢在卖出商品的同时，告诉顾客，有什么问题都可以找他们解决。比如：

"如果您在空调安装以后出现任何问题，都可以给我打电话，来联系解决。"

"这个烟雾探测器应该不会出现什么问题，万一有问题请第一时间告诉我。"

事实上，销售人员不可能帮助客户解决所有的问题，万一处理不好，便会造成客户的不信任。如果一个专业的销售人员想要对顾客施加任何影响的话，他都不会说出自己"会解决顾客任何可能出现的问题"或者"随时准备回答客户的疑问"这样的话来。

这是因为，人们在购买一件物品之后，会立即进入一种奇怪的思想状态，他们很容易受到别人影响。如果你或者其他人告诉他们要做什么事情，他几乎都会照做。这就是说，当销售人员暗示他们在使用新产品的过程中会出现问题，他们就确信自己肯定会遇到问题；当销售人员暗示他们在使用过程中会出现疑问，他们就会提出疑问。

因此，销售人员最好以一种积极的方式来利用客户的这种特殊的思想状态。比如，可以对客户说："下午好好利用你的新鱼竿享受钓鱼的乐趣吧！"他很可能就会照做了。

2．邀请客户再次光临

很多销售人员都会在交易完成后说一些诸如"谢谢，欢迎再次光临"之类的话，这其实对于顾客再次光顾并没有什么帮助。因为这个时候并不是招揽生意的时候，而是应该真诚感谢顾客的光临，邀请他再次光临，请他分享自己的购物乐趣。当然，当他再次光临的时候，还是要让他买些什么。

邀请要紧跟在交易之后，并应根据具体客户的具体情况来精心措辞。比如，张太太从你的店里为她的丈夫买了一块手表，你就可以邀请她下次路过时再次光临，为你讲述她丈夫收到这件礼物时是多么的惊喜，或者对那块手表是多么的喜欢等。

3．让顾客记住你

销售人员要懂得时刻向客户推销自己，即使在成交之后，也不要忘了对他们施加影响。

（1）向所有客户发送感谢短信。

销售人员应向所有购买过自己的产品的客户发送短信，不必考虑他们消费金额的大小，而且短信的内容应简短而亲切，比如说："谢谢您和我一起购物，希望您购物愉快！"

（2）打追踪电话或者发送追踪短信。

和三个月内（时间可以根据需要而调整）在你这里消费的所有顾客恢复联系，这样做的目的有两个：一是告诉客户有些新品已经到货，而且和他原来购买的某件单品十分匹配；二是起到提醒作用，让客户能够想起你和你店里的各种商品。

措辞同样要简短而亲切，比如，可以对客户说："感谢您上个月和我一起购物。有些新丝巾已经到货，它们和您的新衣服搭配起来会十分漂亮。我想您一定想知道这个消息。"

　　（3）给顾客寄一份资讯邮件。

　　把商品的最新资讯以邮件的形式寄出，这种营销手段并没有试图向顾客推销任何商品，但是含有极具价值的产品信息。销售人员可以在资讯复印件的一角或者自己的名片上写下一句简短的话，比如："我觉得您可能会对这个感兴趣。最美好的祝愿送给您！销售人员××。"

　　（4）给商品寄一张"生日卡片"。

　　如果给客户寄一张生日贺卡，显得太老套了。销售人员可以给客户寄一张关于商品的"生日卡片"，宣布今天是商品的"生日"，也就是客户将它买回家的那个日子，这样可以让客户知道你在庆祝这件商品的购买纪念日。比如，你将一块手表卖给了戴先生，就可以在生日贺卡上写上："您好，戴先生，我想告诉您：您的手表今天一周岁了！恭喜您！您下次来商场时，何不戴着它再次光临本店呢？我们非常乐意知道您使用它的情况。您现在或许可以将手表擦拭一番，让它焕然一新！"

地点：客户孟阿姨家。

背景：孟阿姨前段时间买了一款保健品，为了调查她服用后的效果，销售人员林子决定对其进行再次拜访。

问题

如果你是林子，你会怎样开启自己的售后服务？

参考答案

可以热情地说："孟阿姨，您好！我是××保健品公司的销售人员林子，您还记得我吗？我今天来拜访您，主要想了解一下那款保健品您用着怎么样？有没有什么需要我们帮忙解决的问题？"

耐心倾听客户的抱怨，从抱怨中发现商机

> 大火、洪水、地震能把我的厂房、设备、产品摧毁。但如果客户信任我，我不会失去很多。
>
> ——美国企业家　沃纳梅克

在销售活动中，遇到客户投诉在所难免。当客户由于产品质量或者销售人员的服务而开始投诉时，很多销售人员会感到非常不快，甚至充满抵触情绪。其实，当这种情况发生时，销售人员应该做的事就是用心聆听客户的抱怨。

丽兹·卡尔顿酒店是世界一流的酒店，这里的员工总是将客户服务放在第一位。对于客户的投诉，他们不觉得有什么，反而认为那是一个营造良好客户体验、留住客户的好机会。有传言说，该酒店的员工有时甚至故意在一些小问题上惹怒客户，然后郑重其事地向其道歉，并提供必要的赔偿服务，结果，那些心怀不满的客户反而成了酒店的终身客户。

事实上，那些优秀的公司从不将客户的投诉作为经营中令人不

快的插曲，而是将其作为一个免费发现问题并解决问题的好机会。

有一个客户在一家家具厂进货时，随口抱怨说，沙发的体积相对较大，而仓库的门较小，搬进搬出很不方便，而且很容易在沙发上留下刮痕，消费者对此很有意见，所以不好卖出去。要是沙发能拆卸的话，就不会出现这个问题了。

结果，这个家具厂十分重视，将客户的意见传达给产品设计者，两个月后就生产出了可以拆卸的沙发。这种沙发不仅能够节省库存空间，还给客户带来了很大便利。

这个沙发的创意，正是从客户的抱怨中得到的。

事实上，在现实生活中，能够直截了当地向销售人员或者所在企业抱怨的客户并不多，大多数时候，他们都会选择沉默，然后会告诉身边的人不要和他们打交道。

因此，作为销售人员，当有客户向你抱怨时，你不仅不要觉得麻烦，还要认真倾听，切实帮助客户解决问题。

小贴士

处理客户投诉时，最好请对方坐下来，让对方将重心放低，而不要让对方站着和自己沟通。这是因为心理学研究表明，人的情绪和其身体重心的高度成正比。重心越高，他的情绪越高涨，发脾气的可能性越大。换句话说，站着沟通往往比坐着沟通更易产生冲突。

倾听是沟通和解决问题的前提，认真倾听客户的诉求，可以传达销售人员的真诚和对客户的尊重。不过，在倾听的过程中，销售人员要注意以下几个原则。

1. 不要急于打断对方的话

打断对方的话，是一种不礼貌的行为，它无形中会在销售人员和客户之间竖起一堵无法逾越的心墙。所以，即使销售人员并不赞同客户的某些观点，也不可急于打断对方的话，一定要耐心听他说完，这样才能真正理解他的不满来自哪里。

2. 要进行有反馈的倾听

当客户抱怨时，销售人员一定要集中精力，留心客户所说的每一句话甚至每个词语，还要适时地对客户的话表示认同，这样对方才能畅所欲言，说出自己的真实感受。这能够使对方同样变得心平气和，理智分析事情的利弊，从而有助于双方关系的改善。

相反，面对客户喋喋不休的抱怨，如果销售人员面无表情地倾听，就会带来火上浇油的后果，因为客户一肚子的委屈没有得到重视，他的火气只会越来越大。这是最忌讳的行为。

销售人员在与投诉客户的沟通中，可以将客户的谈话内容和意见加以汇总后，再用自己的话反馈给对方，这样可以向客户表明自己在十分认真地倾听他的谈话。

比如，可以向客户确认："听了您刚才的话，我的理解是您有以下几点不满意的地方：一是……二是……您认为我理解得对吗？

还有什么，您接着说。"

重复投诉客户的话可以让他感到自己备受重视，他也会反过来专心听销售人员讲这些重复的话，并从中找出错误或者遗漏之处。这种转移客户注意力的方式，十分有助于缓解客户的抱怨等情绪。

需要注意的是，重复客户的话的频率应与客户情绪的高涨程度成正比，对方情绪越高涨，越应该增加重述的概率，尽量使对方平静下来。

3．不要直接反驳对方的观点

客户的观点和见解并不一定完全正确，但是，销售人员不宜直接反驳或者批评对方，那样做只会激怒对方，使事态恶化。当客户的措辞比较激烈、情绪比较激动的时候，销售人员可以平静地对他说："您先别激动，请慢慢说，我在听着呢。"或者，销售人员可以起身为他倒杯水，借此稳定、平复客户的情绪。

情景练习

地点：某品牌空调专卖店。

背景：一个客户气冲冲地要求退货，原因是他上个月买了标榜"节能省电"的空调，却比平时多交了300元电费，还扬言如果不给他一个说法，他就会惊动消费者协会来处理。

问题

如果你是这家空调专卖店的销售人员，你会怎么处理客户的这一个投诉？

参考答案

可以对客户说："这是真的吗？您能确定这是空调造成的吗？这样吧，我们先派专门的维修人员去看看您的空调。如果确实是我们产品的问题，我们公司一定会给您一个说法，您看这样行吗？"

根据投诉客户类型，采用不同的处理说辞

> 留着老客户。这要比增加一个新客户便宜许多倍。
>
> ——管理专家 宋新宇博士

　　客户投诉在现实中很常见，它造成的危害和影响很大，能够给客户带来极大的消极心理刺激，使客户在认识上和感情上都与销售方背道而驰，甚至水火不容。而且，一个客户的抱怨可以影响到一大批客户，因此，客户的投诉具有很大的杀伤力。投诉会直接损害产品和企业的形象，而且对销售人员的个人信誉也会造成一定的影响，因此，销售人员千万不能掉以轻心。

　　客户在投诉时常常会流露出烦恼、失望、愤怒等各种消极情感，这其实并不一定是对销售人员个人的不满。在客户发怒时，销售人员一般心里会抱怨："我对他态度这么好，他凭什么还要冲我发火？"要知道，愤怒的情感通常会在潜意识中通过一个载体发泄出来。比如，当你心情不好的时候，很可能会一脚踢飞路边的小石头，尽管这不是石头的错。同样，在投诉时，客户只是把销售人员

当成了发泄对象而已。

只有了解了这些，销售人员才能在处理客户投诉时保持冷静的头脑，分清客户的类型，针对投诉类型有针对性地进行解决。

一般来说，客户投诉可以分为以下四种类型。

1．受害型客户投诉

投诉目的：

这类客户投诉的目的很简单，就是博得销售人员的同情和尊重。也就是说，这类客户发起投诉这一行为，最主要就是希望能够获得安抚和理解，以此得到心理层面的安慰。

应对策略：

相对来说，这类客户应对起来比较容易。在处理此类投诉的时候，销售人员可以采用以情动人的方式，对他们所遭遇的事情深表同情，并给予心理上的安慰和劝解，帮助他们疏解情绪，实现其投诉的目的。

2．理智型客户投诉

投诉目的：

理智型客户投诉的目的很简单，就是解决自己在购买商品和使用产品的过程中遇到的问题。他们一般不会对销售人员提出过分的赔偿要求，只是会依照相关的法律法规来保护自己作为消费者的相关权益，在反映事实的同时，有限度地主张自己的权益。

应对策略：

销售人员在应对理智型客户的投诉时，首先要弄清他们在购买产品和使用产品的过程中所遇到的事情的原委，然后向其做出相应的补偿承诺。如果产品所需的售后服务时间较长，那么销售人员还应该及时给出答复的期限，这样有助于客户对销售人员产生信赖感，并且有利于售后问题的解决。

3．谈判型客户投诉

投诉目的：

这类客户具有很强的谈判意识和谈判心理，他们想通过投诉获得更多的好处：一方面想要发泄自己心中的怨气，另一方面希望通过投诉获得一定的经济补偿，以弥补自己的损失。

应对策略：

与其他几类投诉的客户相比，处理谈判型客户的投诉比较麻烦。对于这类客户，在接待他们时，既不能对他们的消极情绪不理不睬，也不能低声下气，对他们一味地迁就。最好的应对方法就是态度上不卑不亢，语言上做到有理、有利、有节，尽量满足其合理的诉求，对无法满足的那些不合理的诉求进行解释，争取获得他们的谅解。

4．监督型客户投诉

投诉目的：

这类客户投诉的目的主要是向销售人员或者商家反映问题，所反映的主要问题就是其销售过程中的服务质量问题，希望他们重视这方面的问题，并积极采取改进措施，提高服务质量。而且，这类客户还会在投诉之后持续关注销售人员的动态和发展。

应对策略：

在应对这种类型客户的投诉时，销售人员首先要对其保持充分的尊重和重视，并且对他们表现出信任和欢迎的态度，然后告诉他们自己会在今后的销售过程中重视服务质量，并且让客户切实感受到自身服务质量的改善。这样的做法，可以充分满足这类客户好为人师的心理。

销售知识速递

处理客户的投诉和抱怨是一项复杂的系统工程，要想妥善处理好此类情况，并不是一件容易的事。不过，销售人员如果能够掌握一些处理客户投诉和抱怨的成功模式，那么处理这类事情就会变得很轻松。

一般来说，处理客户投诉和抱怨的成功模式包括以下几点：耐心多一点，态度好一点，语言得体一点，补偿多一点，层次高一点（让高层次的领导如经理亲自处理或者亲自打电话慰问），办法多一点（慰问客户、经济补偿、赠送小礼品等）。

情景练习

地点：某家具用品店。

背景：某个客户反映自己购买的家具在运送途中出现了少量破

损，虽然不影响美观和使用，但是客户仍然认为问题很严重，希望能够换一件新的家具。

问题

如果你是这家家具用品店的销售人员，你对此会做出何种反应？

参考答案

可以对这个客户说："不好意思，家具在运送过程中发生轻微破损是在所难免的，我们谁都不希望看到这种情况的发生。如果再更换的话，来回需要一周的时间。这样吧，为了表示我们的诚意，我们赠送您一张一年期限的保修卡，如果家具出现任何问题，我们都会在最短时间内安排师傅免费给您维修。"

处理客户投诉"七步走"，赢得客户的二次信任

> 消费终端是离消费者身体最近的地方，售后服务是离消费者心灵最近的地方。
>
> ——世界营销大师 菲利普·科特勒

对于客户投诉，很多没有这方面处理经验的销售人员都会感到头疼，甚至会无所适从。其实，只要遵循以下几个步骤，就能很轻易地将客户投诉的问题解决好。

1. 真诚聆听

首先要用关切的眼神、真诚聆听的态度表现出对投诉客户的尊重，认真聆听客户的抱怨。在聆听过程中，最好适时给予恰当的回应，一个较好的办法就是对客户的话进行归纳和整理，并进行确认，比如：

"您的意思是因为……而感觉十分不满，对吗？"

"总的来说，主要是以下几点让您不满意：一是……二是……是吗？"

2．感谢

当了解到客户抱怨的原因时，销售人员首先要对客户表示感谢，因为正是因为客户肯花时间和精力来抱怨，才给了自己改进的机会，所以理所当然要感谢他们。这样做，可以让对方的敌意骤降，接下来，再进行必要的解释，就容易得到客户的谅解。

3．道歉

如果确实是因为自己而给客户的心灵造成伤害，那么销售人员要及时向客户道歉，即使不是自己造成的，也要对给客户带来困扰和烦恼表示同情和歉意。比如，可以对客户说："很抱歉让您这么不开心！"

4．承诺立即处理

销售人员在向客户道歉后，要表现出处理此事的诚意，比如，可以对客户说："我一定会尽快帮您处理好这件事的！"如果在处理客户投诉的过程中，需要询问客户一些细节或者其他相关信息，最好不要采取咄咄逼人的态度，而是应事先对他说："为了能尽快帮您解决这件事情，还要向您请教一些问题……"

5．提出解决方案

在提出解决方案之前，销售人员最好把决定权交给客户。比如，销售人员可以问客户："我们在×月×日将……请问您是否同意？"这样做的好处就是，客户会感觉自己受到尊重，怒气就会慢慢消除。客户同意以后，要尽快帮他解决此事。

需要注意的是，一定不要自作主张，比如，对客户说"就这么办……"这样说的话，客户的对立情绪就无法得到缓解。

💡 **小贴士**

除了帮助客户解决问题，最好能够对其做出额外的赔偿，这往往可以让客户收获意外的惊喜。其实，客户之所以投诉，只不过希望能获得令自己满意的解决方案。如果能给他们一定的优惠，就可以帮助他们尽快遗忘那些不快的购物经历。

6．确认客户的满意度

在解决了客户投诉的问题后，销售人员还要弄清客户对处理结果是否满意，这样可以加深客户受尊重的感觉，让他们产生"这件事都过去两三天了，你还会把我放在心上"的受宠若惊的感觉，与此同时，销售人员也拥有了和客户保持联系的机会。

7．保证类似事情不会再发生

解决了客户的抱怨之后，销售人员最好还要向客户保证，今后一定杜绝此类事情再次发生，这可以进一步获得客户的好感。

情景练习

地点：某牛奶公司。

背景：某个客户在喝牛奶时，发现瓶子里有一小块碎玻璃，于是怒气冲冲地来到牛奶公司。一进门，他就冲接待人员嚷道："你们难道只顾赚钱吗？这些碎玻璃一旦喝进肚子里，会出人命的。"

问题

如果你是这个接待人员，你会怎么消除这个客户的满腔怒火？

参考答案

可以关切地问他："那碎玻璃有没有伤到您？您的舌头、喉咙有没有事？是否需要去一趟医院让医生帮您检查检查？"

（表达要点：（1）首先应询问客户有没有受伤。（2）在得知客户没有受伤后，仍要对其表示歉意，并保证给他一个说法。）

说对话，投诉顾客也能变成忠实客户

> 销售前的奉承，不如售后服务。这是制造"永久顾客"的不二法则。
>
> ——松下电器创始人　松下幸之助

当遇到客户投诉时，销售人员与客户争论甚至批评客户，都是非常不明智的做法，是处理客户投诉的大忌。这样，只会让彼此的矛盾激化，造成极其恶劣的后果。

一位女士来到一家服装店，她看起来脸色不悦。

销售人员（礼貌地问）："您好，有什么需要我帮忙的吗？"

女士（抱怨）："上个星期我在你们店里买了一件衣服，但是昨天我用洗衣机洗过之后，发现这件衣服严重缩水，这是怎么回事？"

销售人员："是这款衣服啊，不过别的客户都没有反映过这个问题。您确定您的洗涤方式是正确的吗？"

女士："是正确的。"

销售人员："那您在洗过衣服、晾晒的时候，有没有将衣服拉展一下？"

女士（充满疑问）："为什么？"

销售人员："这种布料的衣服必须要这么做，在买的时候我就已经告诉您了。"

女士："没有。早知道我就不买了。"

销售人员："我早就向您强调过，一定要看衣服牌子后的说明。算了，我再拿一款给您吧！"

女士（非常不悦）："换新的我也不要了，请把钱退给我！"

在上面的案例中，造成衣服缩水的原因明显在客户，是她没有认真看衣服的洗涤说明所致。虽然错不在销售人员，但是销售人员当面指责、批评客户，严重伤害了客户的自尊心，让客户颜面尽失，结果导致双方的矛盾升级。

相反，如果销售人员懂得巧妙运用语言艺术缓和对方的情绪，将客户的抱怨平息在萌芽状态，那么结果就会大不相同。

因此，销售人员在处理客户抱怨或者投诉时，要懂得运用一些礼貌用语，掌握正确处理此类情况的语言艺术，这往往会取得事半功倍的效果。

1．可以使用"请您到贵宾室坐下谈好吗"等安慰话术

许多投诉的客户都喜欢在销售场所大吵大嚷，高声抱怨。这种情况的出现不外乎以下三种原因：一是有的客户本来嗓门就大，加

之情绪激动，嗓门就更加响亮；二是有的客户想要凭借大嗓门来压制对方，表明自己占理；三是有的客户纯粹是胡搅蛮缠，目的就是从投诉中获得一些经济方面的好处。

不管哪种情况，都会给销售人员的销售带来不好的影响，尤其是抱怨的客户在一些店面型的销售场所大声吵闹时，会直接影响销售氛围，破坏其他顾客的购物情绪，有的顾客只顾看热闹而没有了购物的兴致，还有一些顾客会因为遭遇了同样的烦恼而一走了之。

此外，有的顾客在投诉中由于情绪激动会说出一些不利于商店形象和信誉的话，比如，"你们店里怎么净卖些假冒伪劣商品""你们这个店也太不讲信誉了"之类的话脱口而出，甚至还会劝其他客户"千万别买这家的东西，他们都是骗人的"。这些言行会给销售方造成极其恶劣的影响。

在这种情况下，销售人员可以试着邀请客户到另外一种场合进行交谈。比如，可以对他说："您看，站着讲话多不好，要不我们去贵宾室坐下来谈？"或者说："这里太热了，请您随我到办公室喝点茶，然后再慢慢谈，好吗？"

当把客户带到接待室之后，让其坐下，并为他泡一杯茶，帮助他缓和一下情绪。如果他的情绪还不能平静下来，我们可以对他说："我们的相关人员正在调查这件事的原因，请您先休息一下。"或者"负责人马上过来，请您稍候。"然后关上门，让客户独自冷静一会儿。

2．用"非常抱歉"等表示歉意的礼貌用语

一般来说，客户在抱怨初期，总是情绪激动，义愤填膺，致使他们的措辞非常激烈，甚至出现恶语相向的情况。这时，销售人员要做的就是冷静倾听客户的不满和委屈，充分了解导致他们如此激愤的原因，然后向他们诚挚地表示自己的歉意，比如说用"非常抱歉""对不起"等充满歉意的词语来平息客户的情绪。尤其是客户因使用不当而造成商品损坏而进行投诉的情况，在一定程度上是由于销售人员在销售时没有介绍清楚而造成的，这时，销售人员更应该向客户诚挚道歉。待客户情绪平复之后，再与他们商谈投诉的后续事宜，就会容易很多。

3．多使用"给您添麻烦了"等礼貌用语

客户花了钱，买回去的商品却有质量问题，或者买后发现有一些令自己不满意的地方，于是以尺码不适合等理由要求退换。这时，销售人员应尽可能满足客户的希望和需要。在办理退换货手续的时候，可以对客户说些充满歉意的话，比如，"真对不起，还劳驾您多跑一趟"，或者"为了表示歉意，这个我给您用包装纸包装一下"，等等。

情景练习

地点：某品牌手机专卖店。

背景：某个客户向销售人员抱怨说自己才购买的手机，突然黑屏，再也不能开机了。他希望销售人员能够帮他解决这个问题，以

便恢复手机里面的数据信息。

问题

如果你是这个销售人员，你会怎么处理客户的抱怨？

参考答案

可以对他说："请您稍等一下，我马上安排维修师傅帮您做手机检测，如果数据信息还存在的话，恢复是没有问题的。"

避开语言雷区，不让客户的抱怨升级

> 在和客户的长期接触中我学到了：最重要的让你成功的理由是和客户建立信任关系，倾听客户的意见，兑现你的承诺以及发疯似的尽你应尽的义务。
>
> ——美国管理者　诺依曼

那些满腹抱怨的客户就如同一堆干柴，任何一点火花都能燃起他们的满腔怒火。在与其进行沟通的过程中，负责调解的销售人员如果稍有不慎、用语不当，很容易就会令客户火冒三丈，致使矛盾进一步激化。因此，销售人员要注意自己的言辞，不要说一些激怒客户的话。

下面是常见的处理客户投诉的忌语，销售人员应避免使用。

1."我们""你"

销售人员在接待投诉客户时，最好不要用"我们""你"这两个称呼，因为它们意味着销售人员和客户划清界限，意味着双方处于对立面，也意味着双方持有两种不同的意见，从而说明矛盾不能轻易解决。所以，销售人员要换一种称呼，比如，可以用"咱们"代替"我们"，用"您"代替"你"。

2．"不可能，绝不会发生这种事儿"

很多没有处理客户投诉经验的销售人员会对客户说"我们的产品从没出现过这种问题"或者"我们都是严格按照要求操作的，不会出错"诸如此类的话。殊不知，当销售人员把这些话说出口的时候，客户的内心已经受到严重伤害了，因为这些话表明销售人员根本不相信客户所说的话，怀疑他们在说谎。所以，这样的话很容易引起客户反感，不利于问题的解决。

3．"我绝对没有说过这样的话"

商场上没有"绝对"二字，即使销售人员确实没有说过这样的话，也不宜使用这种富有挑战意味的字眼，因为这很可能会激怒客户。

4．"不是我负责的"

有的销售人员会告诉客户："对不起，当时这笔业务不是我负责的。"这句话的潜台词是"这件事和我无关，找我也没用"，这种说法其实是一种推脱责任的表现。即使不是自己负责的，销售人员也应该这样说："虽然这笔业务不是我操作的，但是我会尽快帮您联系当事人，核实当时的情况。如果这样还不行的话，再联系我们领导。您放心，一定会帮您解决好这个问题的！"

5．"我们只负责卖货，这种问题请找生产厂家"

虽然商品出自厂家，但是由于商品是从销售人员手中销售出去的，所以销售人员应对商品的品质、特性有所了解。如果销售人员说出这句话，那么客户就会认为销售人员在搪塞、敷衍自己，认为这是一种不负责任、缺乏信誉的表现，就会对销售人员更加不信任。

6．"这事您找领导去"

面对情绪激动或者无理取闹的客户，有的销售人员可能也会情绪激动，容易说出"您找领导解决，我说了不算"这样的话。这其实是一种推诿的表现，如果每一个客户都去找领导，那么领导就会忙得晕头转向。

7．"领导不在"

当客户提出要找领导的时候，即使领导真的不在，销售人员也不能直接告诉客户"领导不在"。因为这样说的话，很容易让客户觉得领导在有意回避。正确的做法是做出联系领导的举动，稍等片刻之后再告诉客户："不好意思，我们领导正在开会呢。您要不再等一会儿，或者稍后让领导给您回电话？"

8．"不知道"

对于客户提出的问题，销售人员千万不能回答"不知道"，因为这样的回答很容易让客户误认为销售人员对其过于轻视，如果实在不能回答客户的问题，可以这样答复："对不起，因为我工作的时间比较短，经验不足，可能没法给您一个满意的答复。我请教一下领导再回答您，或者让我们领导直接回答您，这样行吗？"

9．"总是会有办法的"

这句表意不明的话通常只会让客户的情绪变得更糟糕，因为对于急于解决问题的客户来说，这种不负责任的话只会让他们更加失望。

10．"改天我再和您联系"

这句话听起来十分不负责任。如果不能及时满足客户提出的要求或者解决客户提出的问题，那么最好和客户约定一个解决问题的大概时间期限，比如，告诉客户"3天之内一定给您办好"或者"×月×日之前我一定会和您联系"。给客户一个明确的答复，表明销售人员有信心把客户的问题解决好，更重要的是不会让客户产生被愚弄的感觉。

地点：某品牌空调专卖店。

背景：有一位客户上门反映自己新买的空调出现了故障，希望能够更换一台新空调。

问题

如果你是接待这名客户的销售人员，你会怎么处理这件事情？

参考答案

可以充满歉意地说："给您带来不便，我感觉很抱歉。对于您所说的空调的问题，我们会在 2 天之内上门解决。如果确实是大问题，我们会给您更换一台新的。请您留下您的联系方式和地址，我们会在师傅上门之前与您电话预约时间的。"

销售人员的表达禁忌

俗话说："祸从口出。"对销售员来说，在与客户的沟通中，说多说少，说深说浅都有一定的学问。销售人员如果不会表达，就很难建立稳固而亲近的客户关系，甚至好不容易建立起的客户关系也会因一句不得体的话而毁掉。在现实销售中，因一句话而毁了一单生意的例子比比皆是。所以，销售人员要掌握一些销售忌语，这样才能避免失言。

下面是销售人员无论如何都不要说出口的一些销售忌语，在与客户沟通的过程中，要避免脱口而出。

1. 忌聊主观性议题

销售人员在与客户聊天的时候，最好不要说一些关于政治、宗教等涉及主观意识的话题，因为不管说得正确与否，都对销售没有任何实质意义。

有的销售新手缺乏经验，不仅和客户谈论主观性的议题，还会因此和客户争得面红耳赤，结果一单生意就黄了。那些有经验的销售人员在开始的时候会对客户表达自己的观点，但是很快就会把话题引回到所推销的商品上。

2. 忌聊隐私话题

销售人员要有同理心和洞察力，通过有效提问去了解客户的需求，体会客户的心理，但是并不意味着销售人员要去刺探客户的隐私，更不能把自己的隐私作为谈资。大谈隐私是很多销售人员常犯的一个错误，其实，这种八卦式的谈论没有任何意义，只是在浪费彼此的时间，使自己错过推销的时机。

3. 忌夸大其词

销售人员不能为了一时的销售业绩而欺骗客户，将产品的功能和价值吹得天花乱坠，这样做相当于在自己和客户之间安装了一枚"定时炸弹"，一旦引爆，后果不堪设想！

其实，任何一种商品都有不足的一面，销售人员要客观清晰地帮助客户分析自己产品的优势和劣势，让客户对产品有一个全面的了解，然后再让客户决定是否购买！要知道，任何的谎言和欺骗都是销售的天敌！

4. 忌质疑客户的理解能力

有的销售人员在与客户交谈的时候，会不时地问客户一些"你懂我的意思吗""你知道吗""你明白了吧"等质疑客户理解能力的话。

从销售心理学的角度上说，总是质疑客户的理解能力，必然会让客户心生不满，甚至感到厌烦，觉得自己没有得到最起码的尊重。

5. 忌直接批评客户

有的销售人员喜欢直言不讳，在客户面前过于"直爽"，有时虽然出于好意，但还是会深深地伤害客户。比如，服装店的销售人员为了产生对比的效果，会说："你这件衣服颜色太老土了，你看我们店里的衣服……"

在销售人员看来，这些话并没有恶意，但是"说者无意，听者有心"，客户听了这些话，只会心生反感，销售就无法继续下去了。

6. 忌不雅之言

每个人都喜欢和看起来有涵养的人打交道，对那些满嘴脏话或者爱爆粗口的人敬而远之。在销售过程中，销售人员切忌说不雅之言，因为那必将给自己的销售工作带来负面影响，个人形象也会因此大打折扣。

所以，销售人员在谈话的时候，要注意自己的言辞，用其他话语代替那些不雅之言。比如，那些保险推销人员常常要说一些与死亡相关的敏感话题，这时，最好回避"死亡""没命了""完蛋了"等言辞，而要用一些委婉的话来代替，可以说某人"丧失生命""出门之后不再回来"等。

会表达，让销售变得更简单

有人说："不做总统，就去做销售员。"许多人就是冲着这句话去做销售的，但是做销售以后，他们面对众多的拒绝而心生畏惧，认为那是一个充满艰辛的职业。但是，在销售高手看来，销售是一个充满挑战乐趣的职业。

在销售过程当中，销售人员会遇到形形色色的客户，有的沉默不言，有的开朗健谈，有的优柔寡断，有的吹毛求疵，有的理智，有的顽固，有的冲动……针对这些不同类型的客户，销售人员要是说不同的话。比如，只要让沉默寡言者开口，就能很快从他们口中得知对方的需求，继而推销给他们需要的商品；对于开朗健谈者，销售人员要注意将交谈的话题转移到所销售的商品上来；对于优柔寡断者，销售人员要做的就是替他们做选择，可以对他们说"我认为这一件更适合您，您说呢"之类的话；对于吹毛求疵者，销售人员要平心静气地向其解释，因为嫌货人往往才是买货人；等等。

此外，销售人员还要练就察言观色的本领，对客户有一定程度的了解。比如，通过客户的衣着来判断他的购买力，通过客户的言谈来判断他的购买欲，通过客户的眼神来判断他关注的是什么，也就是对哪些商品感兴趣……

总之，销售是一项需要高情商说话的艺术。会说话，将会使销售变得更简单！

本书所介绍的销售话语是许多销售高手和营销大师都在用的表达技巧，大都源于现实销售实践中的实战经验，简单而又实用。从销售流程中的预约到成交后的售后服务，每一步都有不同的表达策略，如果读者能把这些付诸实践，那么达到自己最终希望的目的——成交，就会容易得多。

当然，对于不同的情景，销售的话语也应有所变化。对于本书讲述的销售话语，读者只有熟练掌握，灵活运用，在销售工作中才能得心应手、游刃有余。

愿这本书能助读者在销售的道路上披荆斩棘，屡创辉煌业绩！